古代ギリシアの歴史

ポリスの興隆と衰退

伊藤貞夫

講談社学術文庫

学術文庫版へのまえがき

本書は、古代ギリシアの都市国家ポリス（polis）の生成、展開そして衰退の諸相を説き明かす通史的叙述の試みである。

本書の試みが、バルカン半島南端のいわゆるギリシア本土を核とし、その東方海上の島々からアナトリア（小アジア）西岸におよぶエーゲ海海域、さらには地中海と黒海の沿岸一帯を叙述の空間的枠組みとすること、古今を通じこの地方の人々の生活を、夏季の乾燥と高温、春から夏にかけての海上交通の平穏を特徴とする地中海性気候が支配していること、以上二点について改めて申し述べる必要はないであろう。しかし叙述の時間的枠組みに関しては、予めいくばくかの言及が求められるかもしれない。

巻末に付した簡略な年表が示すように、紀元前二千年紀中葉、ギリシア本土における小王国の分立が考古学的に検証される時期をもって、古代ギリシアの歴史は幕を開ける。その終焉をどの時点に認めるかは、最近議論かまびすしい古代末期論とのかかわりを考えると難しい問題であろうけれども、政治史のうえで明確な区切りとなる紀元後四世紀末のローマ帝国の東西分裂をそれに充てることとしよう。その間、ギリシア本土は前二世紀半ば共和政ローマの支配下に入るが、それに先立ち前四世紀後半には北辺のマケドニア王国による制覇とアレクサンドロスの東方遠征とに端を発する周知のヘレニズム時代を迎えている。ポリスは、以上のような年代的枠組みのなかで、小王国分立の時代につづく数百年の混乱と模索の果て、前八世紀半ばに生まれ、前五世紀を盛期として発展を遂げる。そしてマケドニアをはじめとするヘレニズム諸王国と西方の大国ローマの外圧のもと、前四世紀末以降、国家としての政治的・軍事的独立をおおかた失いつつも、自治体としての制度的存立を保って古代末期にいたるのである。

本書が考察の対象とするのは、以上約二千年におよぶ古代ギリシア史のうち、成立期からヘレニズム時代初期にかけてのポリスの世界と、文書の解読によって二十世紀半ばに研究の飛躍的な展開を見、またポリス世界との関係が近年改めて論じられている小王国分立の時代とである。マケドニアのギリシア本土制覇からローマによる地中海世界統一にいたるヘレニズム時代は、それ自体、別個のさらに大きな叙述対象である。この時代は、オリエント各地の社会と文化固有のありようと、西方ローマの政治的・軍事的動向を視野に収めなくてはならぬうえ、人々の意識も、ポリスの時代とはかなり違う。歴史的考察の客体として、それは空間の拡がりと内実の複雑さとを併せ増すのである。

ヘレニズム時代に比し、時をさらに遡り、空間的スケールにおいても劣るポリス時代のギリシアを眺める意味は、それではどこにあるのだろうか。ポリスとは、都市を核とし周囲に田園を領域としてかかえる小国家である。それらは領域の大小、国力の強弱に差はあれ、上述の地域に多数分立して互いに競合と抗争を重ねる。このようなポリスの世界の歴史的意義が、民主的な政治体制を創出し、精神・物質両面において高度の文化的達成を遂げて、古代ローマや中世末期以降のヨーロッパを介しつつ、今日の世界を動かすもっとも有力な潮流の源に位置する点にあること、このことはしかし、本書の読者にとり、すでに自明の事柄であろう。

ポリスという世界史上特異な都市国家は、いかにして成立したか。それはどのような内実をもち、その発展と衰退の経緯ならびに導因は何なのか。本書の叙述は、これらをめぐってなされる。政治・経済・社会・文化の諸領域に筆は及ぶけれども、対象を総体として捉え、時代の動向を大筋において追う通史の常として、政治体制の創成と変転、そこでの政治の実態如何が叙述の基軸となろう。ポリスは、歴史上はじめて政治なるものが合理的思惟の対象とされ、またわれわれの眼からしても、今日に通じる政治力学的解釈を説明の具として適用しうる世界である。例えばトゥキュディデスのごとき同時代の史家の筆と、それが描く像の意味するところを明敏に読みとる眼があれば、そこに今日の国内・国際両面にわたる政治の動態の原型を認めることも、あながち不可能とは言えまい。巻末の文献一覧に掲げたギリシア古典の類を基にポリスの世界に分け入り、そこを起点として私たちが置かれている現況と今後のありように想いをめぐらす、本書がそのためのよすがともなれば、著者として望外の喜びである。

本書は、一九七六年に出版された講談社版「世界の歴史」第二巻『ギリシアとヘレニズム』の前半四章、ギリシアの部をほとんどそのままの形で復刊したものである。このたび講談社学術文庫の一冊にとの話があって読み返してみたが、同種のしかもすぐれた通史少なしとしないなか、再刊にそれなりの意味はあろうかと愚考して御好意を受けることとした。冒頭に掲げたテーマを追うにあたり、古代ギリシア史研究の現場に視座を据え、専門家の間で議論の絶えない諸問題への言及を避けることなく、むしろそれらを叙述の骨組みとしながら、時にやや立ち入って自らの判断を提示している。そこに拙文のそれなりの特徴があろうかと思われたからである。むろん以後三十年近く、内外における研究の進展にともなって書き加え、書き改むべき点は多いけれども、史料の伝存状況からして決定的な結論にいたること難しい古代史研究のこと、往時の拙論とて、今なお一定の意義はあろう。

通史としての叙述上の均衡を保つよう配慮したつもりではあるが、ポリスの前史から民主政成立までに紙数の過半があてられているのも事実で、これも本書の特徴の一つかもしれない。著者本来の研究対象は、紀元前五、四世紀、ギリシアの盛期なので、日常の作業とのずれを自覚しないではないけれども、史料に密着しつつ完成期ポリスの諸相を考察する一方、その総体を形成過程に即して叙するのも、ポリスなるものの本質を究めるうえに有効にして必須の仕事である。

かつて執筆のお勧めを受けたときに、それを曲りなりにも果たすことができ、今またそこばくかの齢を重ね、公的職務からおおかた解き放たれる時に合わせて復刊のための作業をなす、そのことの幸いを感じている。古代ギリシアの法制史、社会経済史の領域に属する個別研究に携わる著者にとり、当の対象を総体として見つめ直すささやかな機会を与えられたからである。本書の基となる上記『ギリシアとヘレニズム』執筆の少し前から、著者の関心は社会経済史から法制史へと移り、今日までそれは続いている。しかし近年、ポリス社会の在り方を近世ヨーロッパとの対比という観点から問う十九世紀以来の研究史の動向とのかかわりで、経済史への関心が内外学界で再び高まりを見せ、その刺戟もあって、研究の出発点であった経済史へゆくゆくは回帰するための準備らしきものに着手した折に旧著を読み返し、考えるところ少なくない。これも一つの縁であろう。

思えば、上記の書物を一緒に書くことを強く勧められたのは、秀村欣二先生であった。叢書編集の任に当たられた林健太郎・堀米庸三両先生との御相談のうえだったとうかがっている。個別論文の執筆経験しかなかった著者にとって破天荒なお話であったが、お引き受けしたのは、成蹊大学法学部、武蔵大学人文学部で通史の講義を受け持ち、そのためのノートが手もとにあったからである。講義の機会を与えられた村瀬興雄先生、中学で一ヵ月ほど英語の手ほどきをして下さり、そのあと旧制第五高等学校、熊本大学、さらに武蔵大学へと転ぜられた英文学の田崎篤次郎先生は、ともに鬼籍に入られ、秀村・堀米両先生また然りである。林先生お一人卒寿をへて御健在であるが、いつまでも個別の研究課題にかかずらう著者の歩みを憫笑していられるかもしれない。

諸先生の御恩を今さらに思いおこしているけれども、このたびの復刊に際しては、講談社学術文庫出版部・鈴木一守氏の数々の御配慮と、砂田多恵子氏の実務上の御尽力とに負うところ多い。この場を借りてお礼申し上げる。

本書と旧著との間には、かつて選択と蒐集に前沢伸行氏の手を煩わせた写真・図版類の大幅な削減、表記と若干の字句の訂正、内容上気づいた限りでの過誤の修正を除き、異同はない。年表、関連文献一覧は新たに作成した。文献一覧は、古典・研究書ともに邦文図書を、さらなる読書へと誘うために試みに掲げたもの、歴史を学ぶという見地からの選択であることをお断りしておきたい。

二〇〇四年四月

伊藤貞夫

目次

古代ギリシアの歴史

ポリスの興隆と衰退

第一章　王宮の内と外

1　ギリシア先史文明の発見

若き天才の死

ここに一巻の書物がある。題して『ミケーネ時代のギリシア語による文書』（改訂再版、一九七三年）。マイクル・ヴェントリス、ジョン・チャドウィックの二人の共著に成り、大判六百頁をこえる文字どおりの大冊である。

この書物の初版（一九五六年）ほど、その刊行が専門家の間で期待をこめて見守られた例は稀《まれ》であろう。ギリシアの先史時代にかかわる文字の一種が、発見以来半世紀にわたる各国の学者たちによるさまざまな試みのすえ、弱冠三十歳のイギリスの少壮建築家ヴェントリス（一九二二〜一九五六）によって解読され、いまその研究成果が彼とその協力者チャドウィックの手で集大成されようとしていた。

一九五三年、この年イギリスは、世界に向かって誇るに足る二つの業績を生んだ。一つはヒラリーを隊長とするイギリス遠征隊のエヴェレスト初登頂であり、いま一つがヴェントリスによる線文字Bの解読公表である。『ギリシア研究誌』に発表された彼の論文は、わずかの例外をのぞいて各国の学者こぞっての承認を得、学界の共有財産として、以後のギリシア先史時代研究の出発点となった。彼の解読を踏まえて、専門家たちの文書研究はまさに百花撩乱《りょうらん》の観を呈する。

これらの成果をも整理参照しながら、文字解読の経過とそれにいたる前史、文字の体系とその背景をなす言語の構造、解読の結果えられる歴史学上の知見を、繁簡のほどを心得た手法で説き明かしたのが、上記の書物の第一部である。ついで著者たちは、数千にのぼる関係文書のなかから代表的なもの三百枚を選び、それらを内容別に分類配列して、ローマ字によるテキストの転写を行う。そしてその一つ一つについて注釈を施し、必要な場合には英訳を付するのである。

書物は期待にたがわぬものであった。これにより、解読された文書の世界の全体像が初めて人々に開示された。この分野のもっとも基礎的な業績として、それは研究史上、不動の地位を占める。専門家にとっては座右の書であり、これからこの分野にわけ入ろうとする初心者には無二の手引きとなる。そればかりではない。専門を異にする多くの人々にとっても、この書は、真の学問上の発見がいかなるものであるか、それはいかにして果たされ、また、われわれの視界をどれほどまでに切り拓くものであるかを示唆するものとして、知的刺激の絶えざる源となろう。

しかし書物の公刊をまえにして、電撃的な悲報が人々を見舞った。解読者ヴェントリスの急死がそれである。未知の文字の解読とその成果を集成する金字塔的作品の執筆にすさまじいばかりのエネルギーを示したすえ、若き天才は一夜、自動車事故によって命を絶った。

ところで、一人の建築家の心をそれほどまでにとらえ、その天賦《てんぷ》の才を引き出した線状B文字とは、一体なにか。それはどのようにして解読され、どのような知見をわれわれに与えるものなのか。

ハインリッヒ・シュリーマン

どんな天才でも無から有を生み出すことはできない。個人や社会に歴史があるように、学問にもそれぞれの分野に固有の歴史というものがある。ヴェントリスの画期的発見も、八十年にわたるギリシア先史時代研究の分厚い蓄積のうえに立っている。この研究史の幕を切って落したのが、ヴェントリスらがかの著作の巻頭に、献辞をもってその業績をたたえたハインリッヒ・シュリーマン（一八二二～一八九〇）であった。

ギリシア史にいささかでも関心をもつ人で、ホメロスの二つの詩篇『イリアス』と『オデュッセイア』についてなんの知識ももたない人はおそらくあるまい。ギリシア軍のトロヤ遠征に材を取ったこれら二つの叙事詩は、世界文学史上最大の古典の一つとして、ギリシア・ローマの古代から現代にいたるまで、ヨーロッパ文化圏に属する人々の間に読みつがれ、彼らの美意識や倫理観の形成にとって、絶えることのない泉の役を果たしてきた。

幾百万、幾千万の人がそれを愛読し、愛誦したことであろう。北ドイツの牧師の子として生まれた少年シュリーマンもその一人であった。しかし、彼が他の人々と違うところは、詩のなかで展開されるトロヤ攻城の物語をあくまで事実と信じ、しかもそれをみずからの目で確かめようと思い立ったことであった。思い立っただけではない。少年時代の初一念を、波乱に富んだ半生を通してもちつづけ、周到な準備のすえ、果敢な行動力、鋭い直感力を生かしての発掘によって、数十年ののちに、見事に夢を現実のものとしたのである。

ここにも一人の天才が描いた生の軌跡がある。その詳細は、彼がある発掘報告書の冒頭に付した文章を中心に、死後まとめられた『自叙伝』（村田数之亮訳『古代への情熱』岩波文庫）に、生き生きと語られている。

トロヤ遺跡の発見

シュリーマンは、悪くいえば一種の成金商人であった。貧苦のなかから身を起こし、数々の幸運に恵まれて巨万の富を築いたのちに商売から手を引き、本来の念願であるギリシア考古学に、その富と後半生を投じたのである。そして、それまでの歴史家たちの固定観念をものの見事に打破し、ギリシアの先史時代に初めて解明の鋤《すき》を入れる栄光を担うことになった。

一八七一年、シュリーマンはホメロスの詩句と自分の勘とを頼りに、ダーダネルス海峡の入口を扼《やく》するトルコのヒッサルリクの丘をトロヤの遺跡と推定し、その発掘に着手する。このねらいは見事にあたった。城壁とおびただしい遺物が、そこに富み栄えた城市のあったことを如実に示している。ホメロスに謳《うた》われるトロヤの王城が目の前にあることをシュリーマンは信じて疑わなかった。トロヤの発見に成功すれば、つぎはギリシア軍の総大将アガメムノンの居城、ペロポネソス半島東北部のミケーネの発掘である。そして、ここでもシュリーマンの推理力は遺憾なく発揮されて、城門のすぐ内側に円形の墓域が埋もれているのを探りあて、数多くの黄金製品を掘り出すことに成功した。

シュリーマンの活動はとどまるところを知らない。中部ギリシアのオルコメノス、ミケーネにほど近いティリンスと、伝承に現れる王たちの居城の跡を求めて精力的な発掘がつづく。

シュリーマン

シュリーマンの発掘は、その精密度においてたしかに問題が多い。彼の提出した意見の多くは、その後の研究によって修正されている。トロヤの遺跡にしても、今日では九つの層に細分化され、シュリーマンがホメロスに謳われた王城の跡と信じた遺跡は、実は千年以上も古い第二層に属するものであることがわかっている。事実ははるかに散文的であって、ギリシア人によって滅ぼされたトロヤは、遺跡としての規模も小さく、遺物にも乏しい七Aという層であるらしい。このような欠点があっても、シュリーマンの仕事の価値はいささかも減ずるものでない。十九世紀は「歴史の世紀」である、といわれる。史料を厳密に分析し、それに基づいて議論を組み立てていく近代の歴史学は、この時代に確立された。そして、その先端を切ったのが、ほかならぬギリシア・ローマ史学だった。

このような潮流のなかで専門の史家たちは、ギリシアのもっとも古い時期の研究にすこぶる懐疑的であった。ホメロスや、のちのアテネの悲劇などから知られるこの時代についての数々の物語は、ギリシア人が育《はぐく》んできた神話・伝承の世界の出来事であって、そのなかに史実性を認めることはできない、というのが彼らの立場であった。

トロヤ戦争については、ヘロドトスやトゥキュディデスといったギリシアの代表的な歴史家たちも、それぞれの『歴史』の冒頭で言及している。のちのギリシア人は、この戦いを自分たちの遠い過去の大事件として、おぼろげながらも記憶していたらしい。それでも十九世紀の「科学的な」歴史家たちは、それを史的分析の俎上《そじょう》にのせることを頑《かたく》なに拒んでいた。

この学界の潮流に真っ向から挑戦し、専門家の常識をくつがえしたところに、シュリーマンの仕事の最大の意義がある。それまで史料的に確実にたどれるとされていた紀元前八世紀ごろをさらに遡《さかのぼ》ること数世紀以上も昔、ギリシアには各地に大規模な城壁をもつ王宮が散在していた。「黄金に富めるミケーネ」と謳ったホメロスの詩は、その核になにがしかの史実を秘めているらしい。ホメロスの二つの詩篇では、のちのギリシアからすっかり姿を消してしまった王や英雄たちが主役として活躍しているが、シュリーマンはこのような伝承の世界がまったくの絵《え》空事《そらごと》でないことを実証してみせたのである。

それは、まさしくギリシア先史時代研究の幕開《まくあ》きを告げるものであった。古来の伝承が新しい目で見なおされ、考古学者の活動も急速に活発となった。そして研究の進展は、ギリシア人の伝えの尊重さるべきことを、事実をもってつぎつぎに明かしていくのである。

ミノスの王宮

その最大の成果がアーサー・エヴァンズ（一八五一～一九四一）によるクレタ島のクノッソス王宮の発掘である。

シュリーマンも実は晩年にこの地の発掘を企てていた。クノッソスは、かつてクレタの島を中心にエーゲ海一帯の島々に威を揮《ふる》っていたミノス王の王宮のあるところとして、伝承のうえで名高い。迷宮に住むミノタウロスにまつわる伝説は、この王の支配がギリシア本土にまで及んでいたことをうかがわせるようでもある。トロヤとミケーネの発掘で画期的な成果をあげたシュリーマンが、最後にこの古代クレタの中心地の発掘に野心を燃やしたのも、けだし当然であった。

王宮の故地がクレタ島北岸中央のイラクリオンの町から少し南に下ったところにあること

は、十五世紀から知られていた。発掘を決意したシュリーマンは踏査のうえ、必要な用地の買収にかかる。だが、地主たちの主張する売値は、彼にとっていかにも法外だった。トルコ政府の妨害も手痛かった。発掘家としての晩年を飾るはずの宝の山を目前に、シュリーマンは世を去るのである。

シュリーマンの挫折がそのままエヴァンズの栄光につながる。エヴァンズはシュリーマンと違ってイギリスの名門の生まれであり、オックスフォード大学で教育を受けた学者であった。しかし、のちにイギリス考古学界の大立者となった彼も、その青年期はなかなかに波乱に満ちている。

ボスニア＝ヘルツェゴヴィナといえば、十九世紀以来のいわゆるバルカン問題の台風の眼であり、第一次世界大戦の発火点となった土地である。学生時代の旅行が機縁でこの地を深く愛するようになったエヴァンズは、再度の旅行のさなかに遭遇したセルビア人たちの対トルコ反乱に衝撃を受け、その後数年間、この地方の民族運動に没入することになる。しかし、運動家として、また、名門紙『マンチェスター・ガーディアン』の通信員としての多忙な現地生活のなかで、エヴァンズは古代史への関心を絶やすことがなかった。トルコについでこの地方を支配したオーストリア政府による投獄・追放という憂《う》き目《め》をみた彼は、やがて母校オックスフォード大学の博物館に職を得、研究者としての道を歩み出す。

クノッソス王宮の発掘

エヴァンズとクレタとを結びつけたのは、このころある人が贈った一つの小さな彫石であった。これは当時ようやく専門家の注意をひきはじめた美術品であるが、エヴァンズの心を捉えたのは、そこに彫られている絵文字であった。この絵文字の謎を追って、エヴァンズは一八九四年、クレタに渡る。

一九〇〇年三月下旬、すでに土地の買収と発掘許可の取得とに成功していたエヴァンズは、クノッソスの王宮跡と思われる丘に発掘の鍬《くわ》を入れた。発掘は順調に進んだ。そして一週間とたたぬうちに、彼を驚喜させる出土品にぶつかる。それは線状の文字をしるした一群の粘土板であった。絵文字でこそなけれ、文字研究を念願として古代クレタの世界に分け入りつつあったエヴァンズにとり、これはなによりの天恵と感じられた。

発掘はさらに進む。かつての王宮の偉容が日一日とあらわになる。エヴァンズの関心は王宮の全貌を巨細《こさい》にわたってとらえること、その背後に潜む古代クレタ文明を再

クノッソス王宮の遺跡（部分）

構築することへとしだいに拡がってゆく。

エーゲ文明研究の集大成

専門家としての素養と経験を積んだエヴァンズの発掘は、シュリーマンのそれにくらべて、はるかに組織的であり、精密であった。建物の一画一画が、壁画をはじめとする大小の遺物一つ一つが、細心このうえない手法で掘り出され、調査され、修復されていく。粘土板文書もその後いくつかの部屋から発見され、その数はしだいに増した。これらの整理と研究もエヴァンズの仕事の一つであった。

この模範的な発掘調査は第一次世界大戦をはさんで一九三二年までつづいた。ここに、クノッソス王宮の全容はほぼ完全に再現された。それは迷宮の伝えにふさわしい複雑な構造を示している。その規模もミノス王の海上支配を裏づけるに十分なように見える。先史時代にまつわるギリシア人の伝承は、ここでも史実性を含んでいることが実証された。

王宮の遺跡を完璧な形で明るみに出し、古代クレタ文明の存在を実証してみせたこと、エヴァンズの功績は、しかしそれにとどまるものではない。彼は遺跡をくわしく調査し、この地が実に永い歴史を有するものであることをつきとめたのである。

王宮自体も破壊と復旧をかさね、けっして一つの時代の産物ではなかった。エヴァンズは、遺物と遺跡を綿密に検討して、クレタ文明を前・中・後の三期に分け、さらにその各々を三分する九区分法を提案する。そしてさらに、各層から出土するエジプトの陶器を基礎に、それぞれの時期の絶対年代を示したのである。このエヴァンズの時期区分は、やがて、エーゲ先史文明研究の基礎となった。ギリシア本土やエーゲ海のキュクラデス諸島の先史文明にも、それは大筋において適用できる枠組みであることが明らかとなったからである。

エヴァンズへの批判

このようにしてエヴァンズのクレタ文明、いなエーゲ先史文明研究の大成者としての位置は揺るぎないものとなった。しかし、その彼にしても、問題とすべき点がないわけではない。遺跡に対して過度の復元を施した、という類の批判はここでは問わない。問題は、彼の本来の念願であったクレタ文字の研究に関して、出土した文書の公刊にあまり積極的でなかったことである。この分野でも、エヴァンズは基礎的な仕事を果たしている。彼は出土した多数の文書を丹念に分析して、つぎのことを明らかにした。

クレタでは三種の文字が使われている。絵文字と二種の線状文字がそれで、エヴァンズは後者のうち、古いと考えられる文字にA、新しい文字にBの名称を与えた。三者の間には絵文字→線文字A→線文字Bという発展を考えることができる。ことに線文字BにはAから借りた文字が多い。線文字Bでしるされた三千枚にのぼる粘土板文書は、その形式からして、どうやら人間・家畜・物資に関する記録らしい。この種の文字は約九十という数から見て、アルファベットのような音標文字でなく、わが国の仮名のように音節を表すものであろう。

三種の文字の解読はきわめて困難と考えられた。一体、未知の文字が解読されるには、それによって書かれたテキストができるだけ多数、しかも正確な形で公にされていなくてはならない。エヴァンズは、絵文字とクノッソス出土の線文字のうち、Aについてはテキストをほぼ公にしていたが、多数のB文書については、そのうちのごく一部しか発表しなかった。

もちろん、彼がテキストを完全に公にしたからといって、それがただちに解読の決め手となったとは、今日考えられないけれども、発掘資料の非公開という、学者としての彼のルール違反が、解読を志す多くの研究者にとって少なからぬ障害となったのは、事実であった。

エーゲ文明の中心

エヴァンズのエーゲ文明全体のとらえ方にも大きな問題が潜んでいた。それはひとくちにいえば、エーゲ文明を、あくまでクレタを中心に見ていこうとしたことである。つまりシュリーマン以後の発掘によって、ギリシア本土各地においてその存在が確証された類似の先史文明も、クレタの王宮の支配者が本土に進出して築いたものである、というのであった。

しかし、本土やクレタでの発掘の進展にともなって、エヴァンズ説に都合の悪い点がいくつか出てきた。本土各地の王宮跡には、たしかにクレタからの影響のあとが認められる。しかし、本土独自の要素もまた顕著であって、それは、とくに陶器の様式、墳墓、王宮の構造にいちじるしい。とりわけ注目すべき点は、前一五〇〇年ごろになると、これら本土特有の様式が、逆にクノッソス王宮の跡にはっきり認められるようになることである。

これは、まさにエヴァンズの見方への真っ向からの挑戦を意味するものではないか。それは、クレタによる本土支配というよりも、この時期に、クノッソスが本土からの影響をうけていたことを示唆する。

だが、エヴァンズは頑として自説をまげなかった。彼の権威を背景に、クレタ中心説はなお学界の大勢を制していた。初めにかかげたヴェントリスらの著書の巻頭に、考古学・歴史学の立場からの解説的序文を寄せているウェイスなども、エヴァンズにさからったために、一時、考古学者としての活動を中断する窮境に追い込まれたという。

一九四一年、エヴァンズがなくなったあと、ウェイスらの反対説はしだいに比重を増していった。そして、エヴァンズ説に最後のとどめをさしたのが、ほかでもない、ヴェントリスの線文字Bの解読であった。

2　線文字Bの解読

コーバー女史の業績

未知の文字の解読は、古代文化の研究者にとって、またとない魅惑的なテーマである。エヴァンズが大多数のテキストを非公開のままにとめおくという悪条件のもとでも、わずかな資料をもとに、学者たちの線文字B解読の試みはあとをたたなかった。それらはいずれも失敗だった。ところが、そのなかで一人だけ性急に結果を追い求めず、文書をじっくり検討して、この未知の言語の性質を割り出そうとする学者がいた。アメリカの女流言語学者コーバーである。彼女はつぎの点を明らかにした。

この言語は語尾変化に富んでいる。動詞の語尾変化らしいものが認められるだけでなく、名詞も語尾を変えることによって、性・数・格を示すことができるらしい。これはセム系の言語ではなく、インド・ヨーロッパ語族のなかでも、語形の変化に富んだ種類に属するもののようだ。

ピュロス文書の発見

だが、なにぶん解読のためには材料が不足している。しかし、この点でも、ようやく条件が整いつつあった。コーバーの一連の研究が公にされる少しまえ、一九三九年に、ギリシア本土で一つの重要な発見がなされていた。アメリカの考古学者ブレーゲンによって、知将ネストルの居城があったとホメロスに謳われるピュロスの発掘が行われ、王宮跡が明らかにされるとともに、その文書室から六百枚あまりの線文字B文書が発見されたのである。

これらは、枚数こそクノッソス文書に劣るが、資料としての保存のよさでは、はるかにま

ピュロス王宮の遺跡（部分）

さっていた。一枚一枚が精密に写真に撮られ、それが、第二次世界大戦勃発とともに最後の引揚船でアメリカに送られる。そして、この写真版をもとに、同じくアメリカの学者ベンネットが一九五一年、精確なテキストを公刊したのである。

ベンネットによるこのピュロス文書の公刊がヴェントリスの線文字B解読の直接の前提となった。翌年、クノッソス文書も、エヴァンズのかつての共同研究者の手で、ともかく刊行された。

ヴェントリスの生い立ち

ヴェントリスの生い立ち、人となりと、彼によって果たされた解読の過程とについては、その協力者チャドウィックの詳しい証言がある（『線文字Bの解読』一九六〇年。大城功訳、みすず書房、一九六二年）。

恵まれた家庭に育ち、その才能にも欠けるところがなかったのに、ヴェントリスはパブリック・スクールから名門大学へという、おきまりのコースをたどっていない。幼時、スイスの学校で学び、長じてはロンドンの建築関係の学校に進んで、そこを優秀な成績で卒業している。建築家としても将来を嘱望される存在であった。才色兼備の母は、彼を休暇中は海外か大英博物館で過ごさせるようしむけたという。このように知的で自由な環境が、彼の興味と才能を多方面にわたって、伸びやかに育んでいったのであろう。

シュリーマンが外国語の習得に異常な才能を発揮したことは、『自叙伝』の記述でひろく知られている。彼は、文章の暗誦《あんしょう》を重視する独特の猛練習によって、多数の外国語を短期間で征服していったという。ヴェントリスの語学力も大変なものだったらしい。言語に対するあくなき興味、視覚・聴覚双方を利しての並はずれた記憶力によって、たとえばスウェーデン語なども数週間で完全にわがものとし、一時はそれによって生計を立て、のちにはかの国の学者との文通に役立てたといわれる。

遺跡の発掘や文字の解読で大きな仕事を成しとげるには、好奇心とか頭のよさのほかに、ねばり強さ、集中力、行動力それに冒険心といったさまざまな能力をあわせもつことが必要である。シュリーマンやエヴァンズがこれらの才能の持ち主であったことはいうまでもないが、その点はヴェントリスにしても同様である。チャドウィックの上記の小著は、そのことを語ってあますところがない。

コーバー、ベンネットの道に従って

なによりもわれわれを驚かすのは、文書の綿密な分析のうえに立つ解読と、成果の集大成を意図する著作活動とが、わずか数年のあいだに集中的になされていることである。しかもこの間、建築家としても旺盛な活動を示している。

ヴェントリスは、七歳のときにエジプト象形文字に関心をいだき、十四歳のときには晩年のエヴァンズの講演をきいて古代クレタの不思議な文字の解読を決意したという。しかし彼がクレタ文字解読の本格的な作業に入ったのは、第二次大戦後の一九五〇年からであった。翌年一月から一九五二年六月までの一年半にわたって、彼は研究の成果をつぎつぎに謄写版《とうしゃばん》の覚書《おぼえがき》にまとめ、それを二十人をこえる各国の専門家たちに送って意見を求める。

ヴェントリスは、実は十八歳のとき、この問題について一つの論文を専門誌に発表している。線文字Bでしるされている言語はエトルリア語ではないかと考え、その観点から解読の手がかりを得ようとする試みであった。頭から既知の言語をあてはめていくこの方法が稔《みの》りをもたらすものでないことは、多くの学者の失敗によっても明らかであった。ヴェントリスは、研究の再開にあたって、まったく別の方法をとった。

すなわち、文書自体を丹念に分析して、そこからどのような知見が得られるか、その作業をとことんまで推し進めてみる。それはコーバーが歩いた道であり、またベンネットもたど

りつつある道であった。ヴェントリスは研究の過程で、このベンネットからもっとも多くの助言と示唆を受けた。

解読のための条件

それにしても解読のための条件は、すこぶる悪い。大勢の専門家たちの失敗も理由のないことではなかった。古代文字解読史上、ひときわ強い光芒《こうぼう》を放つのはシャンポリオンのエジプト象形文字解読の偉業であるが、しかしその場合でも、同じ内容をギリシア語で並記したロゼッタ石《ストーン》というものがあった。線文字Bには、これにあたる資料がない。そればかりか、これがそもそもどの言語をしるす文字なのかも見当がついていない。これでは暗号を解読するようなものである。いや、並の暗号よりも難しいといえるかもしれない。

読者はポーの短篇『黄金虫』をご記憶だろうか。財宝のありかをしるした数字や記号から成る奇妙な文章を、主人公のルグラン氏が暗号解読の方法でときほぐしていく。そこがこの一篇のひとつの見所《みどころ》である。だがこの場合、問題の文章が英語をしるしていることは見当がついていた。どこの国の言葉をしるしているかを知ることが暗号解読の第一歩だと、ルグラン氏はいう。解読のやり方がそれによって大きく左右されるからだ。

どこの言葉かわからないときは、解読者が知っている言葉のなかで、それらしいと思われるものをつぎつぎにあてはめ、それで解けるかどうかためしてみるほかない。その一つ一つについて解読の仕方に違いが出てくるとすれば、これは途方《とほう》もない作業である。解読の保証はどこにもない賽《さい》の河原《かわら》のような状況がつづく。線文字Bをめぐる五十年間のおおかたの学者たちの努力がそれであった。

しかし、ルグラン氏の手にした暗号文にくらべて好条件と思われる点もいくつかあった。第一に線文字B文書には短い縦の線で語と語を区切る習慣が認められる。第二に文書には具体的に物をかたどった表意記号（イデオグラム）がひんぴんと使われている。現にこれらは、いずれも解読に大きな役割を果たすことになるのである。線文字Bが音節文字であることはわかっていたし、この文字の表す言語がしばしば語尾変化をすることも明らかにされている。文書のなかで使われる数字や度量衡の体系の研究も進められていた。

暗号解読に似た作業

このような状況のなかで、ヴェントリスの解読の作業は始められた。ベンネットによるピュロス文書の刊行によって、研究は急速に進展する。暗号の解読と同じ理屈で、分析のための材料が豊富であることがなにより必要なのである。

語尾変化について詳細な検討がなされる。個々の音節文字が、語頭、語の末尾、語中のそれぞれに、どのくらいの頻度で出るかを調べることも重要な仕事だった。これは暗号解読には必須の手続きで、これによって文字の音価をきめる手がかりが得られるのである。いくつかの文字の音価が一応きまれば、あとはそれを橋頭堡《きょうとうほ》として、わずかな手がかりをとらえては他の文字にもこれを及ぼしていく。何語かもわからない。文書自体の分析から音価を割り出していくのは、想像を絶する困難な作業である。未定の要素もすこぶる多い。誤りも少なくあるまい。

音価の与えられた文字を、ヴェントリスは、ちょうどわが国の五十音図のような格子《こうし》状の表をつくって、そのなかに配置していく。試行錯誤は覚悟のうえである。格子は修正に修正を重ねながら、徐々に埋められ、固められていく。

線文字Bはギリシア語

この格子を手に、文書に出てくる語を読むと、どういうことになるだろうか。それは未知の文字の音価決定にも役立つかもしれない。ここで遅れて、しかも不完全な形で刊行されたクノッソス文書が意外の役を果たすことになる。ヴェントリスは格子適用の結果に驚きと懐疑の眼をみはった。そこにはクノッソスをはじめとするクレタの有名な都市の名が読みとれるではないか。

格子をさらに多くの文書に適用してみる。すると、「鍛冶屋」とか「神官」とかにあたるギリシア語が姿を現すばかりか、語尾の変化もギリシア語のそれとして十分に説明がつくのである。

ピュロス文書もクノッソス文書もギリシア語をしるしたものなのだろうか。多くの語がギリシア語として読めたというわけではないし、読めた語も、形のうえで厳密に一致するところまでいっていない。それは、この奇妙な文字をあくまでクレタ人のものと解する学界の常識にも反している。

だが、やはりギリシア語だ。線文字Bはギリシア語をやや不自然な形で表現していると考えたほうがいい。そうヴェントリスが確信したときに、この未知の文字の解読は事実上、成就していた。一九五二年六月のことであった。

チャドウィックの協力

このころ、専門の言語学・古典学の立場から先史時代のギリシア語の姿に想いをめぐらし、線文字Bにもこの観点から並々ならぬ関心をいだいていた一人の学者があった。ケンブリッジ大学の講師ジョン・チャドウィックである。

彼は、クノッソス文書の公刊をとり上げたBBCの第三放送で、線文字Bはギリシア語を書きしるしたものにちがいないとするヴェントリスの講演をきき、つよい感銘をうけ、さっそくクノッソス文書の刊行者マイアズのもとに出かけて、ヴェントリスへの紹介を依頼するとともに、『覚書』に掲載されている、例の格子を複写して家にもち帰った。

それから四日間、チャドウィックはこの格子を基に文書の熱心な検討をつづけた。その結果、彼は文書のなかから二十をこえるギリシア語を見分けることができた。これは偶然ではありえない。解読は明らかに成功である。チャドウィックはヴェントリスに喜びの言葉を伝えるとともに、言語学の専門家としての助力を申し出た。

このときからヴェントリスの死にいたる四年間、二人の緊密な共同研究が展開される。その最初の結実が『ギリシア研究誌』に寄稿された解読に関する正式の研究報告であるが、一九五三年秋にそれが公表されるにさきだち、解読のニュースは各国の専門家の間にひろがっていた。反響は概して好意的であったが、慎重に賛否を保留する者も少なくなかった。ブレーゲンやベンネットという、この方面での第一人者たちが、そのなかに数えられた。

揺るがぬ証拠

しかし、一九五三年五月、事態は一変した。ヴェントリスの解読の正しさを裏付ける決定的証拠がブレーゲンによって発見されたからであった。

その前年、ブレーゲンは第二次大戦によって中断されていたピュロスの発掘を再開していた。そして再び三百三十枚余の粘土板を掘りあてたのである。アテネにもどったブレーゲンは、ヴェントリスによって定められた音価を新たに発見された何枚かの文書にあてはめてみた。そのなかの一枚が解読成功の動かしがたい証拠となった。

それは壺についての記録である。この種の文書の例で、要所要所に壺をかたどった表意記

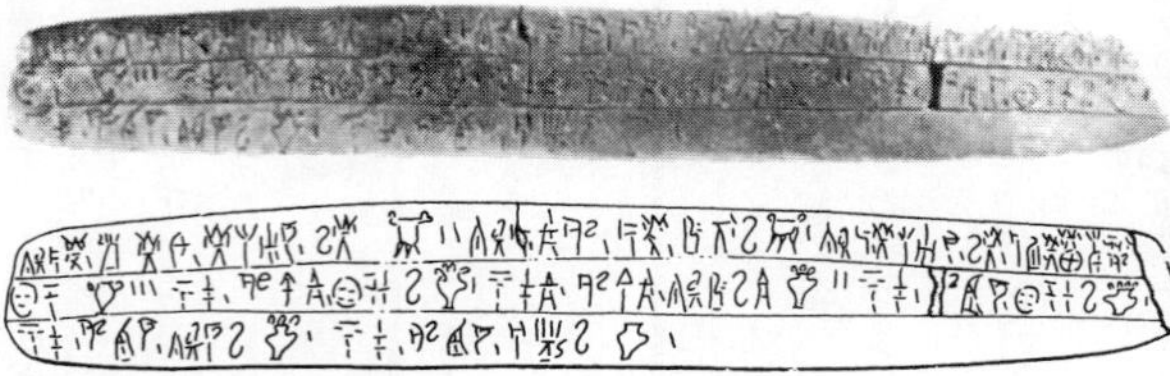

「鼎」の文書　ブレーゲンによって発表されたもの

音価									
a	𐀀	e	𐀁	i	𐀂	o	𐀃	u	𐀄
da	𐀅	de	𐀆	di	𐀇	do	𐀈	du	𐀉
ja	𐀊	je	𐀋	—		jo	𐀍		
ka	𐀏	ke	𐀐	ki	𐀑	ko	𐀒	ku	𐀓
ma	𐀔	me	𐀕	mi	𐀖	mo	𐀗	mu	𐀘
na	𐀙	ne	𐀚	ni	𐀛	no	𐀜	nu	𐀝
pa	𐀞	pe	𐀟	pi	𐀠	po	𐀡	pu	𐀢
qa	𐀣	qe	𐀤	qi	𐀥	qo	𐀦	—	
ra	𐀨	re	𐀩	ri	𐀪	ro	𐀫	ru	𐀬
sa	𐀭	se	𐀮	si	𐀯	so	𐀰	su	𐀱
ta	𐀲	te	𐀳	ti	𐀴	to	𐀵	tu	𐀶
wa	𐀷	we	𐀸	wi	𐀹	wo	𐀺	—	
za	𐀼	ze	𐀽			zo	𐀿		

a 2(ha)	𐁀
a 3(ai)	𐁁
au	𐁂
dwe	𐁃
dwo	𐁄
nwa	𐁅
pte	𐁆
pu 2(phu)	𐁇
ra 2(rya)	𐁈
ra 3(rai)	𐁉
ro 2(ryo)	𐁊
ta 2(tya)	𐁋
twe	𐁌
two	𐁍

*18	𐁐	*19	𐁑	*22	𐁒	*34	𐁓	*35	
*47	𐁔	*49	𐁕	*56pa 3?	𐁖	*63	𐁗	*64swi?	𐁘
*65ju?		*79zu?	𐁙	*82swi?	𐁚	*83	𐁛	*86	𐁜

線文字B一覧表　数字の付いた文字は音価が定まらないもの

号が描かれているが、よく見ると、同じ壺でも細部にちがいのあることがわかる。三つ足のもの、三本の把手《とって》をもつもの、四本の把手をもつもの、把手も足もないもの。ブレーゲンはこれらの表意記号をあいだに挟む三行の線文字にヴェントリスの音価をあてはめていった。すると、どうだろう。それぞれしかるべき個所に鼎《かなえ》を表すギリシア語が、また、三つ耳の壺を表すギリシア語が読みとれるではないか。四つ耳の壺、耳なしの壺についても同様である。偶然では起こりえない一致である。ブレーゲンはこの旨をただちにヴェントリスに報じ、また専門誌に公表した。

新しい資料が、ヴェントリスの提案する解読の方法にしたがって、ギリシア語として読めた。しかも疑うことのできない裏付けをもって。この知らせがそれまで態度を保留していた学者たちを解読の承認へ踏みきらせた。あくまでも解読を認めず、その成果に鋭い批判を放つ学者もあったが、しかし大勢はヴェントリスらの報告を学界共同の財産として受け容れ、そこで提示された方法を武器として粘土板文書の新たな研究へと向かった。

こうしてこの分野は、一時、古代ギリシア研究の花形の観さえ呈するのである。

線文字Bはなにを語るか

3　古代ギリシア人の形成

線文字Bの解読は、ギリシア史の研究にとってどのような意味をもつであろうか。

それは、前二千年紀にエーゲ海一帯に栄えた先史文明をクレタ中心にとらえるエヴァンズ説に、決定的な打撃を与えるものであった。ミケーネをはじめとする本土各地の王宮は、クレタ人でなく、のちのギリシア人の先祖たちが築き、かつ住《すま》いとしたものであった。大量のピュロス文書がすべてギリシア語をしるしたものである事実が、それを証明する。そればかりではない。クノッソス文書の存在は、エヴァンズの考えとはまさに逆に、ギリシア人がクノッソス王宮を占領し、クレタに勢力を伸ばしていた時期のあることを物語る。

これらはすでに、一部の考古学者たちが本土やクレタの遺跡や遺物の研究から推測していたことであった。このような推測は、線文字Bがギリシア語として解読されたことによって決定的な裏付けを得たことになる。

それでは、各地に王宮の跡を遺している先史時代のギリシア人は、どのような社会をつくり、どのような生活をおくっていたのだろうか。線文字B文書の解読がギリシア史の研究に対してなした最大の貢献は、実はこの問題に関してであった。

王宮趾やそこからの出土品は、史料としての性質からいって、社会の仕組みまで教えるものではない。ホメロスの詩も、この時代の出来事を題材に選んでいるものの、作品としての成立ははるかのちに置かれており、同時代史料としての価値に欠ける。これに反して線文字B文書は、同時代の、しかも作為の加わらない一等史料として千鈞《せんきん》の重みをもつ。

それでは、これら一連の王宮文書は、われわれになにを教えるであろうか。

しかし、それを考えるまえに、当時のギリシア人の王国がエーゲ先史文明のなかでどのような位置を占めるかについて、おおよその知識を得ておく必要があろう。

そもそも古代ギリシア人は、いつごろ、どのようにして成立した民族なのだろうか。

石器時代のギリシア

ギリシア人は、紀元前二〇〇〇年前後に一つの民族として成立している。しかしそれは、ギリシア本土（バルカン半島南部）の悠久の歴史のなかでは、比較的新しい年代に属する出来事であった。

古代ギリシア人の生活の基礎をなしたのは農耕・牧畜である。小麦・大麦・オリーブの栽培、羊・山羊・豚といった小型家畜の飼育。今日のギリシア農村でも、ごく普通に見られる光景であるが、これらがギリシア本土に根をおろしたのは、前七千年紀後半、新石器時代人の渡来とともにであった、と推定されている。新石器時代人はやがて陶器の制作を始めるようになる。

この人々の系統は明らかでないが、小アジアあるいはシリアから、海上を、おそらくはいくつもの波をなして移動してきたものであろう。二十世紀初頭から、その遺跡が、主に本土の北部・中部、それにクレタで発見されてきているが、ことに北部ギリシア、テッサリア地方のセスクロ、ディミニ、マケドニア地方のネア＝ニコメディアの遺跡が、その規模と出土品の豊富なことによって注目を集めている。

ギリシア本土にはじめて住みついたのは、しかしこれら新石器時代人ではなかった。一九五八年、テッサリアで旧石器時代の骨が、さらに一九六一年、ギリシア東北部のさる海べりの洞穴からネアンデルタール人の頭蓋骨が発見されたことによって、この地方の人類居住の歴史は、前七万年の昔に遡ることが明らかとなった。

ギリシア本土には新石器時代以前に、人類の居住は事実上、認められないとする在来の通説は破れた。

今日、旧石器時代の遺跡の発掘は徐々に進んでいる。そしてそれらの遺跡が、新石器時代の場合と同様に、本土の主に北部と中部に分布している点が注意をひく。

エーゲ文明とギリシア人の登場

ギリシアの先史時代に新紀元を画するのが青銅器の出現である。その年代は前三〇〇〇年ごろにおかれる。

青銅器の使用も、小アジア方面からの人口の移動にともなってギリシアにもたらされた、と推測されている。人々は小アジアからエーゲ海の島々へ、あるいはまたギリシア本土へと移動し、そこに定着した。

前三千年紀初頭から前二千年紀末葉まで約二千年にわたる青銅器時代において、歴史は、数万年の永きにわたった旧石器時代、三千年余の新石器時代にくらべ加速度的に歩みを速める。この時代の半ば以降、ことにその感が深い。そしてギリシア人が世界史のうえに姿を現したのも、実はエーゲ海一帯の先史文明がようやく発展の歩調を速めようとしていた、この時期であった。

エーゲ海域の青銅器文明を人はエーゲ文明と呼ぶ。そして、クレタ文明に関してエヴァンズがたてた時期区分を、本土とその東南につらなるキュクラデス諸島にも適用して、本土については、たとえば初期ヘラス文化第Ⅲ期、後期ヘラス文化第Ⅱ期というような呼称を用いるのである。これが、ギリシア民族の成立や線文字B文書をのこした彼らの王国の年代を考えるための枠組みである（四七頁参照）。

ところで、ギリシア民族の成立年代について、これまで専門家たちはつぎのように考えてきた。すなわち、ギリシア人の先祖たちは、初期ヘラス文化Ⅲの末期にバルカン半島を南下してギリシア本土に侵入し、そこに定住した。したがって、前一九〇〇年、中期ヘラス文化とともにギリシア人の歴史は始まるのだ、と。

先住民の痕跡

この推定には、間接的ながら二つの根拠がある。

	ギリシア	クレタ	キュクラデス	トロヤ
前3000年				第1市
2800		初期ミノア文化 第Ⅰ期	初期キュクラデス文化	
2500	初期ヘラス文化 第Ⅱ期	〃 第Ⅱ期		
2200 (又は2100)	〃 第Ⅲ期			
1900	中期ヘラス文化			
1800		中期ミノア文化	中期キュクラデス文化	第6市
1600	後期ヘラス文化 第Ⅰ期			
1550		後期ミノア文化 第Ⅰ期	後期キュクラデス文化	
1500	後期ヘラス文化 第Ⅱ期			
1400	〃 第Ⅲ期A	後期ミノア文化 第Ⅲ期		
1300	〃 第Ⅲ期B			第7A市
1200	〃 第Ⅲ期C			第7B市

エーゲ文明年代表

一つは、ギリシア語のなかに、ギリシア人が古い時期にまったく異なった語族に属する他の言語から借用した、と考えられる語がかなり含まれていることである。

-nthosとか -ssos（-ttos）とかの語尾をもつ名詞がそれであるが、注目すべきは、ギリシア本土の地名のなかにこの種の語が多数見られること（コリントス・パルナッソス山など）、しかも、同じ型の地名がクレタをはじめとするエーゲ海の島々や小アジアにも数多く見られること（クノッソス・ハリカルナッソスなど）である。

これは、ギリシア人よりもまえに、ギリシア本土に他の有力な民族が定住していたこと、この先住民は本土だけでなく、小アジアやエーゲ海の島々にもひろく居住していて、これら三地域の間に密接な関係が成立していたことを示唆する。そして今日の考古学の教えるところでは、前二八〇〇～前二二〇〇年ごろ、すなわち本土についていえば初期ヘラス文化のⅠ・Ⅱがそれにあたるのである。この類の地名が、初期ヘラス文化の遺跡がもっとも濃密に分布する地域に多く認められる、とする所見も出されている。

ギリシア人の本土侵入と定着

それではギリシア人の先祖がギリシア本土に初めて姿を現したのはいつか。推測の手がかりをなすのは陶器の様式の変化である。中期ヘラス文化Ⅰにおけるミニュアス陶器の出現がそれである。

かつてシュリーマンにより、伝承上の人物に因《ちな》んで名づけられたこの種の陶器は、形態に鋭さが認められるうえに、文様をもたない点でそれまでの時代の陶器といちじるしく違っていた。しかも轆轤《ろくろ》を用いて作られている。これは生産技術のうえでの大きな変革である。

それだけではない。ミニュアス陶器は各地における初期ヘラス文化Ⅲの住居趾の破壊にともなって、本土に姿を現している。そしてこの様式は、ミケーネをはじめとする各地の王宮趾から発見されるギリシア陶器最古の様式へと連なることが、指摘されているのである。

ギリシア人の侵入定着を前一九〇〇年ごろに想定するこの説は、大筋において説得力があり、通説としての位置を保ちつづけてきたが、近年、侵入の年代についてかなり有力な異論が提起されるようになった。それは初期ヘラス文化の遺跡に関する考古学の研究に基づくもので、ペロポネソス半島東部のレルナをはじめとするいくつかの遺跡では、この時代の第II期と第III期との間に、むしろより大きな破壊と断絶の跡が認められる、とするものである。ミニュアス陶器の特色である轆轤の使用も、原始的ではあるが、第III期の初めから見られるという。ギリシア人の侵入の時期を前二二〇〇～前二一〇〇年に引き上げようとするのが新説の結論である。

ギリシア人が一つの民族として形成されていった時期とその過程を正確に知ることは、実はかなり難しい。文字による同時代の記録といったものがまったく残っていない遠い時代のことだから、これは当然である。言語学・考古学の成果は、この場合、間接的な証拠でしかない。

侵入の時期についていうならば、しかし、上記の二つの説の間に根本的な矛盾はないと評すべきであろう。初期ヘラス文化IIの遺跡すべてに破壊のあとが認められるというわけではない。第III期の末に破壊炎上の跡がひろく見受けられるのも事実である。とすれば、この場合も、移動の波は一つでなかったという解釈が成り立ちうる。少なくとも二つの波が、二百年ないし三百年をへだててギリシア本土に流入したと考えることもできるのである。

北方の民

ではギリシア人の祖先はどこからやってきたのだろうか。印欧語比較言語学や先史考古学の立場から、この問題への解答がさまざまに模索されているが、まだ決定的な答えは出ていない。しかし、つぎのことはいえそうである。

のちのギリシア語の -nthos あるいは -ssos という非印欧語系の語尾をもつ借用語のなかには、航海に関する言葉が含まれる。海を表す thalassa という語自体がすでにそうである。ということはギリシア人たちがもともと海を知らず、ギリシア本土に南下定住したのちに先住民から航海について学んだことを意味する。彼らはエーゲ海を渡って東方あるいは南方から渡来したのではなく、北方あるいは西北方から陸路をくだってきたのに違いない。

ちょうどそのころ、ヒッタイトが小アジアへ、ミタンニがメソポタミア北部へ、また、カッシートがバビロニアへ侵入したことがわかっている。これら諸民族はいずれもインド・ヨーロッパ語族に属する言語を用いる人々であった。前三千年紀の末に、これら諸族がなんらかの事情で一斉に移動を開始し、先進地帯に侵入した。ギリシア人の南下も、この大きな動きの一環として理解される。

彼らは北方の後進地帯からくだってきて、バルカン半島南部に自分たちよりもはるかに進んだ文化をもつ先住民のいることを知った。ギリシア人の先祖たちは、先住民集落への攻撃・破壊をくりかえしながらも、先住民とその文化を完全に滅ぼすことをあえてしなかっ

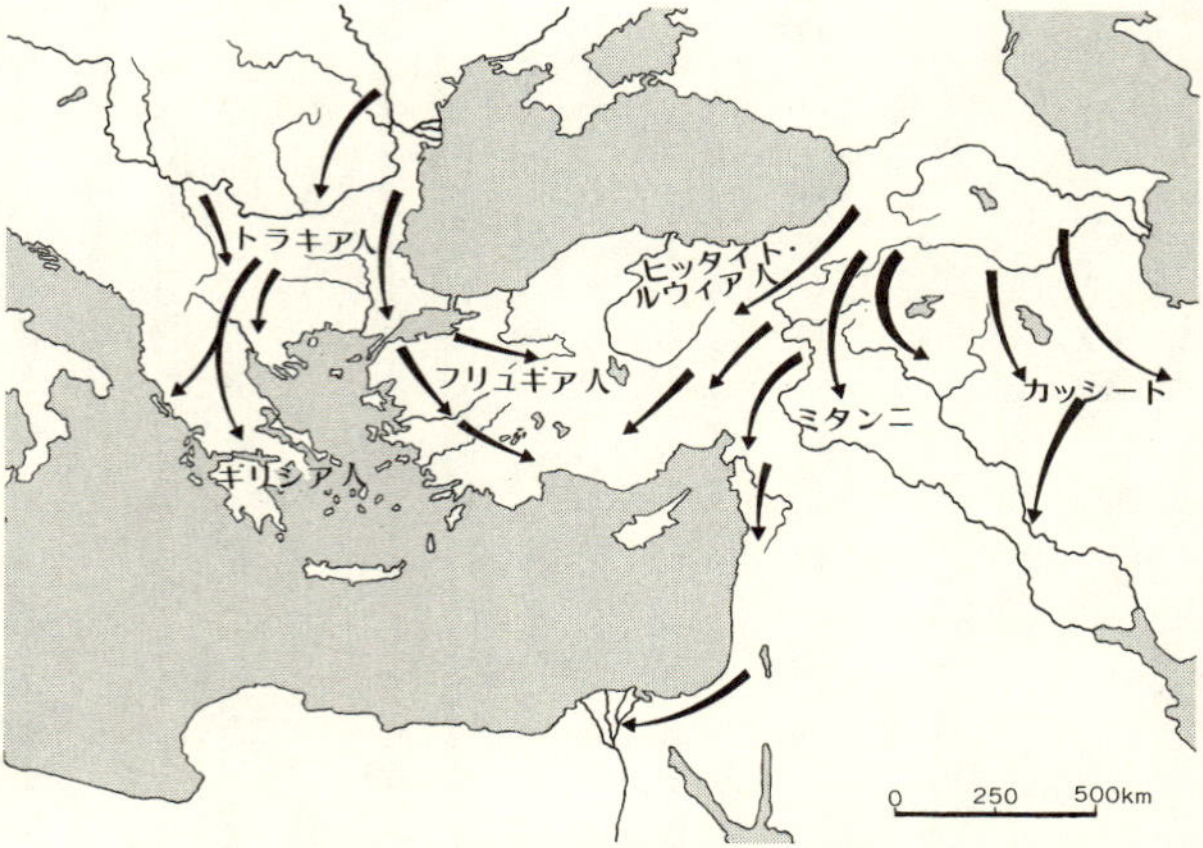

インド・ヨーロッパ語族系諸民族の大移動（前2500〜前1650年）

た。先住民を屈服させたのちは、むしろ彼らと融合し、その文化を積極的に吸収していったと思われる。

航海術を学び、青銅器の使用を学んだだけではない。それまで知らなかった植物・動物・鳥・魚を知り、それらに親しんだ。日常の道具についても同様だった。先住民の信仰していた神々すらも受け容れた。これらはすべて、例の非ギリシア系の借用語から知られることである。

ギリシア民族の誕生

ギリシア人の先祖たちの侵入により、一定の発展段階に達していたギリシア本土の文化は、一時、停滞を余儀なくされたであろう。しかし、右に見たような新旧両民族の融合から新たな進歩の芽が生じたと想像される。大事なことは、ギリシア人あるいはギリシア民族とは、この融合の過程で形成されたものではないか、ということである。

社会関係・言語・宗教・もろもろの生活慣行、それらのいずれについても、核となるべきものは、すでに南下定住以前にできあがっていたであろう。だが、それだけではまだ、われわれの知るギリシア人とはいえないのである。ギリシア語の語彙《ごい》について、また宗教生活において、のちのギリシア人は実に多くのものを、この形成期に負うている。

農耕と航海についてはいうまでもない。ギリシアの風土、および、そこでの幾世紀にもわたる技術の積み重ねと分かちがたく結びついているこの二つの分野は、ギリシア人の生活に不可欠のものとなった。先住民との融合のなかで、侵入民たちは以上のことどもを学び、身につけ、みずからの生活を物心両面ともに豊かにしていった。

このようにして古代ギリシア人が誕生する。そして、彼らの成長の果てに、ミケーネの王城やピュロス文書に象徴される王国の世界が展開するのである。

4　ミケーネ時代の諸王国

ミケーネ時代の文書

ミケーネにおいて、豊かな副葬品とともに王族が埋葬されるようになったのは、前一六〇

ミケーネ時代のギリシア

〇年ごろからである。さきにかかげたエーゲ文明の時期区分に従えば（四七頁参照）、それは後期ヘラス文化第I期にあたる。

このような王国の時代は、前一一〇〇年ごろ、すなわち後期ヘラス文化第III期の終わりまでつづく。そして人は、中心地であるこのミケーネの名をとって、本土における王国分立の時期をミケーネ時代と呼ぶのである。線文字B文書は、内容に即していえば、ミケーネ時代文書と総称されよう。

過去を再構成するための素材、すなわち、史料を用いるには、なによりもまず、それらの性質をよく心得ておかなくてはならない。史料にも、おのおの長所があり、限界がある。線文字B文書は、さきにふれたように、ミケーネ時代の社会を知るうえにまたとない貴重な史料であるが、同時につぎのような制約をもっている。

出土した多数の文書は、いずれも人員・物資・家畜あるいは土地の管理の必要から刻まれた、ごく簡潔な王宮の記録である。これらは、たとえば、家畜や亜麻の貢納《こうのう》、工人たちへの銅の配給、王宮で働く女や子供たちへの食糧の支給、武器の在庫状況、兵力の配置などをしるしている。線文字Bで書かれた年代記、記念碑、外交文書、文学作品といったものは、これまでのところ出土していない。

つまり一連の文書は、ミケーネ時代の王国の経済や制度について、部分的にはかなり立ち入った知識を与えるが、政治の動きとか、当時の人々のものの見方や感じ方とかについては、教えるところがないのである。

文書には、それを刻んだ年に関しての記入がない。ということは、これらが一年かぎりの用をなすものであったことを意味する。尖筆で刻文された粘土板は、天日《てんぴ》で乾燥したうえ、内容別に分類整理し、函《はこ》とか籠《かご》とかに入れて保管する。そして、年が変われば廃棄して、水を加え、もとの粘土に還元したと想像されているのである。

現在、われわれの手にのこされている文書は、それぞれの王宮の最後の年のものに限られる。王宮炎上のさい、高温によって焼き固められて瓦《かわら》のようになった粘土板が、土中に埋もれて今日まで保存されてきたのである。したがって、文書から得られる知識は、実は、ミケーネ時代の末期に関するものだということになる。

ピュロス文書とクノッソス文書

しかし文書の年代について一つ不思議な現象が見られる。ピュロス文書とクノッソス文書とは、字体・用語・記録内容いずれをとっても、きわめてよく似ている。文書としての基本的性質に差異はないといってよい。

ところが発掘者による推定年代に、ピュロス文書の前一二〇〇年ごろに対して、クノッソス文書の前一四〇〇年ごろというように、実に二百年もの差が生じている。専門家にとって、これは、はなはだ説明に困る事柄である。

文書は王宮最後の年の記録であり、ミケーネ時代終末期の証人と解される。この観点からすると、ピュロス文書の年代が考古学の成果に基づくミケーネ時代の年代的枠組みに適合的であるのに反し、クノッソス文書のそれは、この時代の盛期と一致する。そこからクノッソス文書の年代を前一二〇〇年にまで引き下げようとする意見も現れる。エヴァンズによる文書の年代決定に誤りありとして、これを批判するのである。

多数意見は、しかしエヴァンズの推定を受け容れる方向にある。ただその場合、なぜミケーネ時代の盛期にクノッソス王宮が炎上したのか、その理由を説明する必要が生じよう。

史料としての制約

以上が文書を扱うにあたって留意すべき第二の事柄である。第三に、出土地の問題がある。クノッソスとピュロスのほかに、ある程度まとまって文書の出土が見られたのはミケーネだけである。一九五二年、ウェイスによって城壁のすぐ外で発見された数十枚の粘土板がそれである。しかも文書から、王国の制度や経済の在り方をある程度まとまった形で再現できるのは、ピュロスだけに限られる。

だから、この面からも、線文字B文書によってミケーネ時代ギリシアの全体像を描くには、大きな制約がある、といえるのである。

そのうえ、線文字B文書には、まだ容易に解釈のつかない字句が少なからず残されている。重要な役職、あるいは身分を表す言葉で、専門家の間で意見の一致の見られないものがいくつかある。史料そのものの性格に由来する制約のほかに、このような文書の内容理解に関する問題が加わるのである。線文字B解読の成果は、初期ギリシア史の研究にとり、まことに貴重である、といわなくてはならないけれども、ミケーネ時代史再構成のために、そこから確実に得られる知識は、実はそれほど多くない。

以上の諸点を念頭において、文書の語るところに耳を傾けよう。

王国の世界

そこには、のちのギリシアとはおよそ対照的な世界がくりひろげられる。それはひとことでいえば、王が萌芽《ほうが》的な官僚組織を用いて一般の民衆をかなり強力に支配する社会である。王の権力はホメロスに見られるそれより、さらに一段と大きい。まさにそれは、発掘によって知られる王宮や城壁の規模に照応する、といってよい。

国家の頂点に立つ王は、文書ではワナカ wanaka と呼ばれ、穀畑と果樹園とから成る広い御料地を所有する。王と並んでラワケタ rawaketa なる役にある者も御料地をもつが、これはおそらく王族が就任する軍司令官といったものであったろうと想像されている。

王の支配の及ぶ地理的範囲については、文書のなかに見える地名をもとに、推定が試みられている。クノッソスの王がクレタ全島を支配したと考えられるのに反し、ピュロスの場合はあまり明らかでないが、ほぼ、ペロポネソス半島西南部のメッセニア地方一帯を掌握していたとして、大過ないであろう。

ミケーネ時代の諸王国は、のちの時代のポリスにくらべ、概してずっと大きな領域をもっていた、と想像される。

村と民衆

ピュロスの王国は、多数の村を含んでいる。これらの村は王によって任命された役人の支配に服していたらしい。文書に見えるコレテ korete がそれであるが、その補佐役もポロコレテ porokorete として現れる。

興味深いことは、これらの役には在地の豪族的な有力者をあてる場合が多かったと推測されていることである。文書にクァシレウ qasireu すなわちバシレウス basileus とあるのが、この種の有力者である。これら有力者層の登用は、王の支配力が個々の村の内部に十分に浸透していないことを暗示する。

村は自由人である一般民衆から構成される。文書にしばしば現れる damo は、はなはだ含蓄《がんちく》に富むギリシア語デーモス demos を表すが、おそらくこの語は、ここでは村びとたちの共同体をさしているのであろう。王はこれら damo を支配することによって、国土に統一を与え、個々の民衆を掌握するのである。

文書は、彼ら民衆がさまざまな生業についていたことを仔細に教える。すなわち、大工・石工《いしく》・鍛冶屋・陶工・金細工師・パン焼きなどの語が見える。牧人にあたる語は見られるが、農民あるいは農業を表す語が見当たらない。これは工人や牧人が土地関係の文書にもしばしば現れるのと、きわめて対照的である。

しかし、それはむしろ、当時の社会で農業が占めた比重の大きさを、反映するものといえるかもしれない。民衆は一般に土地保有者であり、耕作者であった。工人といえども、その点は例外でなかった。

土地関係文書は、当時の社会の在り方をさぐるうえで、きわめて重要な史料として議論の的となってきたが、大事な語について専門家の解釈が分かれ、そこから明確な像を引き出すのはなかなか難しい。しかし公有地と私有地の区別があったこと、そのいずれについても、土地の貸借が行われていたことは、たしかである。

民衆は王に対し、家畜や亜麻などの貢納を義務づけられていた。鍛冶屋への銅の配給を記録した文書もあるが、これは武器の調達のための原料支給を物語るものであろう。民衆はまた危急のさいは兵士として徴発され、役人の指揮のもとで国防の任に当たった。

自由人と奴隷

自由身分の民衆のほかに奴隷が存在していたことも明らかである。鍛冶屋の奴隷といったような、一般の民衆の間での奴隷所有も絶無でないが、文書で見るかぎり、王宮による奴隷使役が圧倒的に優越している。

そこで使われているのは、ほとんど女と子供たちで、これは奴隷の供給源が掠奪《りゃくだつ》や戦争にあったことを物語る。男たちは殺して、女・子供を奴隷として王宮で労働に服させたのである。女奴隷から生まれる子も奴隷として使役された。文書では、女たちは仕事や出身地に因《ちな》んで「水汲み女」とか「ミレトス女」とか呼ばれている。文書には、ほかにしばしば、「神の奴隷」が出てくるが、その実態はわからない。

土地関係文書で、「神の奴隷」は、自由人とまったく同様に土地の貸借にあずかっており、その地位が、いわゆる奴隷と違うことはたしかである。農奴的な存在と見る学者もあるが、そもそも、この当時の自由人と奴隷との間に、のちのギリシアに見られるような、はっきりした境界線を引くことが正しいかどうかは、きわめて疑わしい。自由人といえども、少数の上層に属する人々は別として、一般の民衆は貢納と役務《えきむ》という形で王権に相当程度、隷属しているのが実状であった。

したがって、一般民衆＝自由人と「神の奴隷」あるいは普通の奴隷との間に、容易に越えられない隔たりがあったとは考えられないのである。

専制王政への萌芽

ミケーネ時代の小王国が、のちに生まれるポリスの世界と、きわめて異質の存在であることは、すでに明らかであろう。それはオリエントの専制王政にある意味で近い存在である、といってよい。先進オリエントの周辺に、その影響を受けながら成立・発展したミケーネ時代の諸王国は、規模こそ小さいけれども、同じ型の支配体制へと進む可能性を多分に宿していた。そのことは、以上の素描《そびょう》からも、ある程度うかがえるであろう。

ギリシア人は、その歴史の初期に、オリエントの専制王政のいわば亜種とも見られる小王国を、本土やクレタにいくつか形成していた。ミケーネ時代文書が教えるもっとも重要な事実はそれである、といってもよいであろう。

もっとも、この点については控え目に見るべきだという意見もある。文書の出土しているところは、いずれも大規模な王宮を営みえた有力な王国であり、群小の王国では、文書に見えるような複雑な制度を発展させえたかどうか疑問だ、というのである。全般的にみれば、ホメロスで活躍しているような族長的な王こそむしろ当時のギリシア人の王を代表している、とする見方は、たしかに傾聴に値すると思われる。

しかし、いずれにせよ、少なくとも先進地帯で、場合によってはオリエント型の専制王政にいきつくであろう萌芽が認められることは、たしかだといわなくてはならない。

クレタ文明とクノッソス王国の形成

では、ギリシア人たちは北方から侵入したのち、どのような過程を経て、こうした王国を形成したのであろうか。その詳細を史料に基づいて跡づけることは不可能というほかないが、彼らギリシア人たちも、前三千年紀後半以降、発展の道をたどりつつあったエーゲ海地方の青銅器文明の洗礼を受け、それを積極的に吸収しながら独自の文化を築きあげていったことは疑うことができない。

ここで見逃すことができないのは、クレタにおける先進文明の存在である。

クレタでは、前三千年紀初頭、おそらく小アジア方面からこの地に入ったと思われる非印欧語系の言語を用いる人々が、そののち千五百年もの間、持続的に独自の文化を発展させた。前三千年紀の末ごろから盛期に入り、ことに前二千年紀前半は、この島の全盛期であった。エヴァンズによって発掘・復元されたクノッソスの王宮も、この時代の産物である。

この地の人々は、オリエント、ことにエジプトの影響をこうむりつつも、その中からきわめて個性的な文化を開花させた。それは、クノッソス王宮の壁画や陶器の文様に見られる、類《たぐい》まれな流動美と写実性に代表されよう。彼らはまた、同じくエジプトの影響下に、文字をつくり、それによる記録を残している。エヴァンズの名づけた絵文字と線文字Aがそれである。

この二つは、いずれも未解読であるが、線文字Bの祖型をなすものとして意味深い。線文字Aは、Bにくらべると文書の数が少ないが、クノッソス以外の地からもひろく出土している。その形式からみて、線文字A文書も国家の行政上の必要から刻まれた記録であろうと推定される。

華麗にして壮大な王宮造営と並んで、この種の文書の存在は、当時のクレタが強力な王権の支配下にあったことを物語る。この王国がオリエント的な専制王政を模範として形成されたものであったことは容易に想像されるが、それを可能にした条件として、やはり、クレタの海上交易への進出を忘れてはならないであろう。

小アジア・シリア・メソポタミア、エジプト、そして西部地中海地方という三つの地域間の交通の要衝《ようしょう》クレタは、仲介貿易の利にことのほか恵まれていたにちがいない。これを直接的にか間接的にか掌握することによって、クノッソスの王はその富と力を数世紀にわたって維持したものと想像される。迷宮はまさにその所産であった。

ミケーネ文明と諸王国の分立

青銅器文明を摂取しながら、ようやく成長を遂げつつあった本土のギリシア人、ことに各地の有力者たちも、経済的繁栄と支配力強化の途を求めて、海外への進出を企てるにいたったであろう。オリーブ油・ぶどう酒・陶器・武器といったものを輸出し、銅・錫・金・銀・象牙・琥珀《こはく》・香料といった金属原料や奢侈《しゃし》品を輸入する。ギリシア人にとって交易はこのような形で行われたであろう。

このような交易を握り、富を蓄えた者が、周囲の勢力を従えて小王国の主となり、その権力を背景とする海外交易によってさらに富と力を増し、やがて、今日発掘によって知られる大規模な王宮や城壁、あるいは目を奪うばかりの黄金製品の所有者となっていったのであろう。

それはいつごろからか。はっきりしたことはむろんわからないが、この時代を代表するミケーネ王国についていえば、それはさきにふれたように、前一六〇〇年ごろ、後期ヘラス文化の始まりと一致するようである。一九五一年、城壁の外に第二の円形墓域が発見され、その年代がこのころと推定されるからである。ここからも、シュリーマンによって発掘された城壁内の墓域からと同様に、豊かな遺物が発見されている。

ミケーネ城外にはまた、いくつかの円頂墳墓（トロス）が遺《のこ》されている。これは丘の中腹に、水平に入口から石室にいたる道（羨道《えんどう》）を掘り、内部は蜂の巣状に切り石を積み上げてつくった、この時代独特の王墓で、シュリーマンの発見にかかる「アトレウスの宝庫」と呼ばれるものなどは、羨道の長さ三六・〇メートル、墓室の直径一四・六メートル、頂点までの高さ一三・一メートルにも及ぶ。

この種の墳墓は、竪穴墓の集まりである円形墓域よりも王権の強大さを端的に示すもので、王国の発展期を反映する遺跡として貴重である。そのほとんどが盗掘や崩落に遭いながらも、ギリシア各地に点在し、小王国分立の状況をうかがわせる。

本土ギリシア人の海外進出

これら墳墓の多くは前十五世紀のものとされているが、この時代になると、本土の諸王国の海外への進出の様子が、地中海周辺各地における出土品、ことにミケーネ様式の陶器によって疑いえぬものとなる。それは明らかに、本土の諸王国が、海外への進出において、すでにクレタを凌駕《りょうが》しつつあることを示す。そしてつぎの世紀にかけて、出土の範囲はイタリア半島南部、シチリアから、東地中海のロドス、キプロスといった島々、さらにはミレトスをはじめとする小アジア西岸の地域にまで及んでいく。ロドス島やミレトスには、この時代、ギリシア人の植民地があったとさえ説かれる。

それまでクレタから、海外交易、工芸品の制作、そして、おそらくは国家形成にさいしても影響を受けること多大であったギリシア人たちが、いまではクレタに代わって東地中海の主役にのしあがろうとしていた。このような趨勢《すうせい》のなかで、本土ギリシア人によるクノッソス王宮の占領は行われたのであろう。その時期は前一五〇〇年ごろと推定されている。

クレタとの、このようなかかわりのなかで、ギリシア人は、かの線文字Bを、線文字Aを手本としながら、まったく系統の異なる自分たちの言葉をしるす文字としてつくりあげた。現存史料によるかぎり、この二つの文字の用途がいずれも行政上の記録であるという事実は、クレタ先住民の王国とミケーネをはじめとする本土の諸王国とが、国家の基本的な在り方において類似するところがあったことを暗示する。

東地中海世界の動揺

ギリシア人によるクレタ支配は、しかしながら永くはつづかなかった。前一四〇〇年のクノッソス王宮の炎上がギリシア人のクレタからの撤収を告げる。大地震を機とした先住民たちの蜂起《ほうき》が、ギリシア人たちにクレタ支配を断念させたのだ、とする推定もなされているが、たしかなことはわからない。いずれにせよ、クノッソス王宮はもはや再建されず、以後クレタは衰微の一途《いっと》をたどることになる。
けれども、ギリシア人のクレタ支配の失敗は、必ずしも本土における青銅器文明の衰えを意味しない。いやむしろ、このころから約一世紀が、いわゆるミケーネ文明の完成期にあたるのである。

本土各地にのこる王宮や城壁も、ほとんどがこの時期に完成されている。ヒッタイトの文書にアッヒヤウァとして見え、この小アジアを支配した強国と対等に渡り合ったのも、このころのアカイア人すなわちギリシア人の王国であった。ただ、文書の内容から見て、それが本土のミケーネであるかどうかは疑われている。ヒッタイトにもっと近い、たとえばロドス島につくられた国であったとする説を、むしろ有力と見るべきかもしれない。

このヒッタイト文書は前十三世紀に入ってからのものであるが、その背景をなすのは東地中海一帯における国家間の関係の不安定化である。そして、このような状況のもとで生じたのが、ホメロスの伝える、かのトロヤ遠征であった。

トロヤ遠征の謎

シュリーマンの発掘によってトロヤの存在は疑いえないものとなった。その後の考古学の進歩で、この時代のギリシア本土とトロヤとの間に密接な交易関係があったこともわかっている。学者の間には、今日でもトロヤ遠征の史実性を疑う議論がないではないが、大勢はこれを事実として認め、その年代を前十三世紀後半に置く見方が有力である。ただ、ギリシア人の記憶に永く残るようなギリシアを挙げての大遠征が、なぜこの時期に小アジア西北端に向けてなされたのかは依然として謎である。しかし、つぎの二点を推測することは許されるであろう。

この遠征は、本土の諸王国と小アジア方面との交易関係に、少なくともその遠因があったと考えられる。ヒッタイト文書からうかがわれる東地中海での情勢の流動化がこれにからまるとする説も出されているが、おそらくあたっていよう。第二に考えられるのは、この遠征が、それから数十年後に始まるギリシア本土の混乱と、なんらかの形でつながっていないか、ということである。

考古学の教えるところによれば、前一二〇〇年ごろから、ギリシア各地の王宮や集落が何者かによってつぎつぎと破壊されていった。そして百年後には、エーゲ文明の一翼を担ったミケーネ時代の諸王国は、歴史から姿を消してしまうのである。

ミケーネ時代の終末

トロヤ遠征を、これら諸王国の最後を飾る壮挙であった、と見ることも、むろんできよう。しかしまた、それは追いつめられたあげくの決断だったかもしれない。遠征の成果についても、肯定的な評価をくだすことは難しい。長期の総力戦による疲弊《ひへい》は、ギリシア諸国の存立にとって、あるいは致命的だったかもしれないのである。

動乱が東エーゲ海の情勢をさらに悪化させた公算も大きい。この方面との交易にとって、それは必ずや負の方向に働いたであろう。この方面との交易が諸王国の経済的存立にとって不可欠であったとすれば、その交易の低下からも、国力の衰微は避けられなかったであろう。これが前二千年紀末の大規模な変動に対して諸王国を無力にした一因だった、とも考えられる。

しかし、この時期の変動は、明らかに暴力による破壊をともなっている。王権下の一般民衆に国防意欲が欠けていたとする、より内因論的な解釈も、この場合、おそらく有効であろう。いずれにせよ、時代の転換の直接のきっかけは、どうやら王国の外部からもたらされたらしい。それはどのような動きであったろうか。

ミケーネ時代、いやもっとひろくエーゲ海地方の青銅器文明の終末を告げるこの時期の変動を探るために、われわれはまずこの動きに注目しなくてはならない。

第二章　ポリスの生誕

1　暗転

外敵の影

ピュロス文書は王国最後の年の管理記録である。前一二〇〇年ごろの王宮炎上によって、それは偶然にのこされたものである。

この王宮炎上が外部からの襲撃によるものであるとするならば、そしてまた、この襲撃に王国が耐えることができないで没落していったとするならば、この文書に外敵の影、あるいは、国内の混乱なり王権の衰えなりの徴候が認められてよいはずである。

しかし、そのような徴候は、ピュロス文書にあまりはっきりとは現れない。むろん最後の一年の記録であるから、それ以前の状況との比較は、本来、不可能だともいえる。したがって、現在私たちの手もとにある史料だけからそのように断定することは慎むべきかもしれないけれども、各種の記録は、ピュロス王国が通常の機能を営んでおり、特別な混乱に見舞われてはいないことを示すのである。

そうはいっても、変動の予徴が文書のなかにまったく認められない、というのではない。一連の兵力動員記録（Documents, No. 56–60）のなかには、沿岸警備に関するものが含まれている。王国の西側に長い海岸線をもつピュロスとして、これは通常の兵力配置だと解することも、あるいはできるかもしれない。しかし、「プレウロンへ赴く漕手たち」計三十人をしるす一枚の文書（Documents, No. 53）は、どのように説明したらよいだろうか。

プレウロンはペロポネソス半島と中部ギリシアとの間に食い入るように横たわるコリント湾の北岸、アイトリア地方の町である。文書はここへの派兵を物語る記録だとする解釈を受け容れてよいとすれば、さきの沿岸警備の記録をも考えあわせて、この年、少なくともギリシア本土西海岸一帯に、海上からの不穏の動きがあり、それが王国に、国の内外にわたって一連の対抗措置をとらせた、ということになろう。

にもかかわらず、ピュロス王国は外からの攻撃を支えきれずに崩壊する。それはピュロスに限られた現象ではなかった。このギリシア本土全域にわたる破壊を立証するものは、ミケーネをはじめとする各地の王宮や集落に関する考古学上の知見である。

王宮の炎上

前十三世紀の後半、ギリシア本土の各地で外敵に対する防備の強化が行われたことが、遺跡の調査からわかっている。コリントの地峡では、北方からの侵入に備えて防壁が築かれているし、ミケーネやティリンスでも城壁の拡大強化がはかられている。

この時代、アテネも一つの王国をなし、アクロポリスに王城があったが、ここでも城壁の強化が企てられた。それだけでなく、王城内に給水のための井戸が新たに掘られている。これは明らかに籠城《ろうじょう》の準備である。ある学者の推定では、平時で二百～三百人、いざとなれば二千人以上の籠城が可能であったろうという。

このような各王国の防御策に見られる外敵からの潜在的脅威は、前一二〇〇年ごろ、ついに現実のものとなった。ミケーネを中心とするペロポネソス半島北東部のアルゴリス地方、ピュロスを中心とする半島西南部のメッセニア地方をはじめ、本土各地の重要な王宮や居住地が攻撃をうけ、王宮は炎上し、集落は放棄される。

ミケーネのように王城の陥落を免れ、居住地の再建を見たところもないではないが、王宮の炎上とともに、王をはじめとするその住人たちは死か逃亡かの運命に見舞われ、民衆もまた、破壊がひどくて再起がおぼつかないとみれば、土地を離れ、避難先を求めて流浪の旅に出る。彼らは、ペロポネソス半島の北岸アカイア地方、アッティカ東部、あるいはエウボイア、クレタ、キプロスといったエーゲ海上の島々へと逃れていく。本土におけるこの時期の人口の移動と減少は、はなはだしいものがあった。

これら避難民を受け容れ、人口の増加と繁栄の持続が考古学的に立証される地方も、アッティカやキプロスのような例外をのぞき、前十二世紀後半の第二の攻撃の波頭にのまれ、つぎつぎに破壊と衰微の洗礼を受ける。最強を誇ったミケーネの王城も、このとき落城する。前十二世紀末には、かつての繁栄の跡をわずかに留めながら、ミケーネ時代の王宮はことごとく廃墟と化するのである。

それとともに、かの線文字B文書を統治の具として用いた王国の組織も姿を消し、王宮を華やかに彩《いろど》った工芸の技術もその多くが失われる。時代は明らかに転換しつつあった。それは暗転というよりほかない、混乱と新しい生活を生みだすための陣痛の時代への転換であった。

トゥキュディデスは語る

このような大変動の引き金をひき、舞台まわしの役を演じたのは一体だれだったのか。トゥキュディデスは、『歴史』の冒頭で、おおよそつぎのようにいう。

――中部ギリシアのボイオティア人が、その北に住むテッサリア人に押されて南下し、現在の地に定住するにいたったのは、トロヤ陥落から数えて六十年目であった。そして八十年目には、スパルタ人などのドーリア人が同じく南下を開始し、ペロポネソス半島に侵入定着している（一巻一二章）。

前二千年紀末に、ある種の民族移動にともなう大規模な破壊の跡がギリシア本土各地に認められる。一方、ギリシア人の伝承は、ちょうどこの時期に北方に残っていたギリシア人たちが第二の波として南下侵入し、本土各地に定住したことを伝えている。

この人々の本土定住の様子は、のちのギリシア語の方言分布によって明らかである。新たに侵入したのはドーリア人とそれに近いボイオティア人、テッサリア人などの西北方言群の人々とであるが、彼らはアッティカとペロポネソス半島中央の山間部アルカディア地方とを除く本土の大半を占拠し、ミケーネ時代の先住ギリシア人たちを追い出すか服属させるかした。

先住ギリシア人は言語学上、東方方言群として一括されるが、彼らは、元の地にとどまって侵入ギリシア人の支配を受けることをいさぎよしとしない場合、アルカディアやアッティカに逃げこむか、海を渡ってエウボイア、キプロスなどエーゲ海上の島々、さらには、小アジアの西岸に居を求めるしか道がなかった。ドーリア人も、のちに、その一部はクレタ、ロドスなどのエーゲ海南部の島々に入り、さらに小アジア西岸南部の地域を占領して住みついた。

これが考古学・言語学の知見および古伝承を総合して得られる、この時代の動きのあらましである。

これまでギリシア史家たちは前二千年紀末の大変動について、ほぼ以上のような説明を与えてきた。ギリシア人の第二波、すなわちドーリア人を中心とする西方方言群の侵入に時代転換の原動力を求める——在来の通説をひとことで要約すれば、そのようなことになろう。

ドーリア人侵入説への懐疑

しかしながら、このような考え方に対して、近年、専門家の間で懐疑論が高まりつつある。西方方言群が前二千年紀末に南下定住した事実、彼らの分布状況、定住地における先住民との関係、それらについては異論がない。しかし、前一二〇〇年ごろに本土各地の王宮を攻撃炎上させ、動乱の幕を切って落とした主役は、果たしてドーリア人たちだったのだろうか。

ドーリア人による破壊であったならば、彼らの侵入定着によって、その時点での生活様式の断絶・交替が考古学的に検証されるはずなのに、それが認められない、とするのが懐疑論の根拠である。アッティカのような破壊を免れたところはむろんのこと、ミケーネ城外のような第一回の攻撃で破壊されたところでも、その後、町の再建が行われ、ミケーネ時代の生活様式がひきつづき維持されたらしい。

ミケーネのあるアルゴリス地方では、結局、前十一世紀に入っても、それまでの葬制や陶器の様式が保たれている。そこに広汎な破壊が起こってのち、およそ百五十年間、新たな侵入者の定住の跡が、考古学のうえで証明されないのである。アッティカその他、避難民の流入した地域での繁栄はいうまでもない。

前一二〇〇年ごろ、ミケーネ時代の諸王国を襲った嵐は、一過性のものではなかったか。これがドーリア人侵入説を批判する人々の主張である。それでは、破壊は何によって起こったか。

民衆による反乱を想定する考え方もある。しかし、破壊の跡が広汎なこと、防備の動きが事前に各地で行われていること、王宮のない居住地の放棄が見られることなどから、この説は説得力に乏しい。

天災説を唱える学者もある。異常な乾燥による飢饉と出火とを、破壊と居住地放棄の原因と考えるのである。しかし、これにも難点が多い。異常乾燥は同時代のシリア地方についての知見からの類推にすぎず、ギリシアに関して直接の証拠はない。また、防備態勢の強化が天災説では理解できないし、破壊ののち復興を見たところもある。天災説にはまた、異常乾燥とはまったく逆の寒冷化を想定する学者もあるくらいで、歴史現象の説明としてはどうも心もとない。

「海の民」

しかし、ここにもう一つ、はなはだ魅力的な解釈がある。内乱とか天災とかをもちださない、まさしく外敵による攻撃を想定する説——「海の民」による襲撃説である。

「海の民」(Sea Peoples) というのは、エジプトの碑文と壁画でその存在と活動が確認され

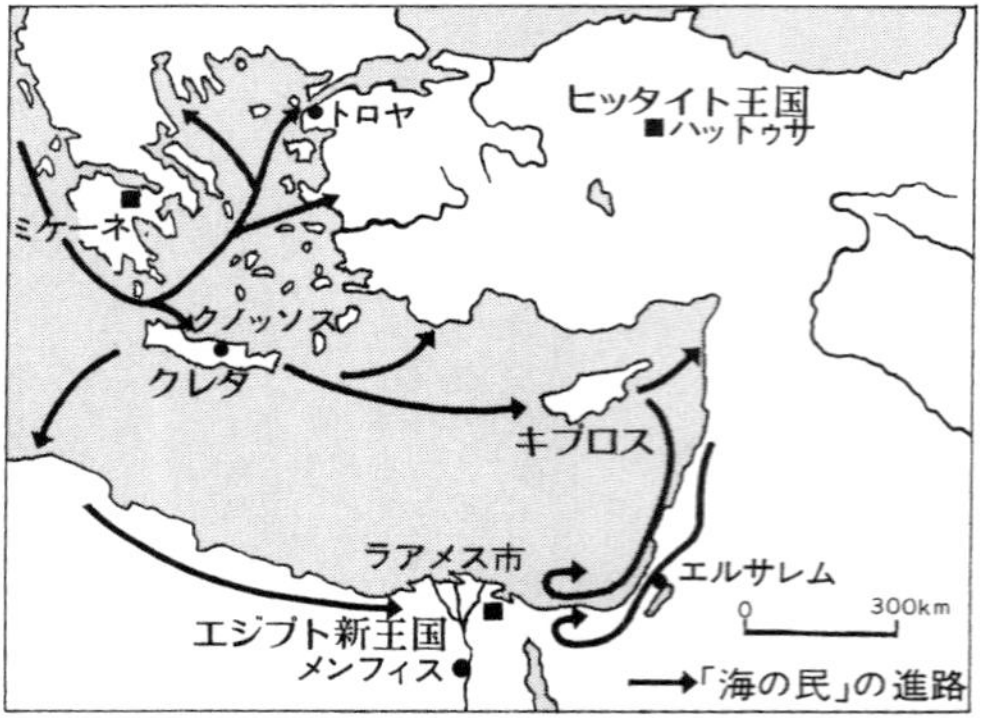

「海の民」の活動

る少数の混成民族である。前一二〇〇年ごろの東地中海における彼らの活動はまことにめざましいが、その歴史的意味の大きさにくらべて、これほど実体と行方の不明な例も珍しい。

エジプト側の史料によれば、「海の民」は前一二二〇年ごろと前一一九〇年ごろの二回にわたって、海上からエジプト新王国を攻撃している。第一回はリビア王の同盟軍として西方から、第二回は彼らが主体となって、まずヒッタイト王国を襲い、さらにキプロス・シリアを掠《かす》めて南下し、北方からエジプトに襲いかかっている。エジプトはそのときどきの王の指揮下に全力をあげてこれを撃退した。そのときの戦勝記念碑によって彼らの活動の跡が史料的に確認されるのである。

エジプトの刻文は「海の民」を構成する諸族をいちいちしるしているが、それらがどの民を指しているのか、同定がなかなか難しい。とにかく、彼らは強固な同盟を結び、そのうえ、若々しい原始的な活力を保持していた。それが「海の民」の強みであった。

彼らの海上での活動は、前十三世紀、バルカン半島北部ドナウ河流域付近に源を発する民族移動の一環だとする解釈が有力である。その構成民族の一つであるフィリスティア人がシリア沿岸南部に定着し、パレスティナの地名をのこしていることが知られる以外、「海の民」の行方は杳《よう》としてわからない。しかしその活動は、はなばなしいものがあった。

前一二〇〇年ごろの、彼らの東地中海沿岸一帯に対する攻撃が、この地方の時代を大きく転換させる契機となった。小アジアに強大を誇ったヒッタイト王国は滅び、エジプト新王国の力も、とみに衰えた。この南北二大強国の後退にともない、シリアではフェニキア人、アラム人などの商業活動が伸び、イスラエル人の王国建設が見られた。舞台は明らかに回りつつあった。

「海の民」の掠奪と破壊

東地中海一帯のこのような大変動の一環としてミケーネ時代の終末をとらえる「海の民」襲来説には、劇的でスケールの大きい視界がある。考古学上の知見によれば、この地方だけでなく、東はメソポタミアから、西はイタリア、フランス、さらにバルト海沿岸地方にまで、この時期に移動と混乱の跡が認められるという。そのなかで「海の民」は、東地中海を舞台に神出鬼没の活躍をくりひろげる。彼らの攻撃の対象となったのが、ヒッタイト、シリア、エジプトと並んで当時繁栄の余光を保っていたギリシア人の諸王国であった。

「海の民」は北方からこれらを襲い、重要な拠点をつぎつぎに攻め落していく。しかし彼らは、掠奪《りゃくだつ》し、火を放って破壊のかぎりをつくしたものの、侵入地に定着し、そこで新しい天地を切り拓いていくという地道な生き方を選ばなかった。彗星のごとくきたり、去っていく――のこるのは破壊の跡だけである。そして空白と混乱のなかを、前十一世紀に、おくれて本土各地に侵入し定住したのがドーリア人であった。彼らも民族移動の波に押されて南下し、いわば漁夫の利を占めたのであった。

このような考え方は、考古学上の知見と、いわばネガティブな意味で一致し、当時のギリシア本土を取り巻く大きな動きにも適合的である。「海の民」の攻撃にミケーネ時代終末の直接の原因を求める説は、なかなかに魅力的であるといわなくてはならない。現に、有力なギリシア史家でこの説に加担する者は二、三にとどまらない。

しかしこの場合も、賛否いずれをとるにせよ、直接的な決め手はどこにもない。あるのは状況証拠ばかり、というのが実状である。そのうえ、この状況証拠が必ずしも「海の民」説に有利なものばかりともいえない。

前一二〇〇年ごろの破壊ののち、居住地を離れた人々が避難した東部アッティカにせよアカイアにせよ、またエウボイアにせよ、すべて海上から本土に侵入するさいの通路にあたっている事実がすでにおかしい。なぜ危険なところに避難先を求めなくてはならないのか。

仮説としてのドーリア人侵入

この反論も、しかし決定的なものとはいえないだろう。ドーリア人侵入説の利点は、やはり伝承に裏づけられているところにある。

だが一方で、近年の考古学上の成果も尊重しなくてはならない。伝承と考古学的知見とをうまく結びつける——そこに一つの道があることはたしかである。いずれにせよ、従来の単純なドーリア人侵入説は、もはや通用しにくくなっている。これも一つの仮説にすぎないのである。伝承を尊重する立場からこの考えをとるとしても、そこにはつぎのいずれかの前提が仮設されなくてはならない。

第一は、ドーリア人も、エーゲ文明の縁辺にあって、すでに先住ギリシア人と同じ文化の所有者だったという仮定である。前一二〇〇年ごろ破壊が行われた地域で、ただちに生活様式上の断絶ないし根本的変化が見られないとすれば、ドーリア人の侵入・定着説をとる以上、そう解する以外に方法はない。

第二に考えられることは、彼らは破壊を行ったのち、ただちにそこに定住せず、長期にわたる居住放棄がスパルタその他のドーリア人の定住地に見られたであろうことである。これも、破壊と新たな居住様式の開始との間の時間的空白を説明するために、とられなくてはならない仮説である。

第三に、彼らドーリア人が牧畜民でテントと革袋を携えて移動する人々であったため、考古学的な遺跡に乏しいのだ、と仮定することである。破壊のあとに、新来者たちの独自の生活様式がただちに出現しないのも、このような理由からだと考えるのである。

以上のような、それ自体なかなか論証しがたい前提のもとに、ドーリア人によるミケーネ時代の諸王国滅亡説は辛《かろ》うじて成立する。それは自明の事実でなく、あくまで一つの仮説である。

しかし、ミケーネをはじめとする先住ギリシア人の諸王国を破壊した直接の下手人《げしゅにん》であるかどうかには問題がのこるにしても、前二千年紀の末にドーリア人その他の第二波のギリシア人が北方から侵入して、本土各地とエーゲ海南部の島々、さらには小アジア西岸南部に定住し、以後のギリシア史の展開に大きな転換をもたらしたことは、動かすことのできない事実である。

2　王国からポリスへ

数百年におよぶ「暗黒時代」

前一二〇〇年ごろ、ギリシア本土における小王国分立の秩序は完全に崩壊する。文明の余《よ》燼《じん》をそここにとどめながらも、ギリシア本土は大きな混乱の渦にまきこまれる。破壊のあとから復興に立ち上がる人々、故郷を見かぎり、新天地を求めて流浪する人々、それに、少なくとも前十一世紀に入ると、新たに北方からやってきて定住地を求めるドーリア人の動きが交錯する。

このころから前八〇〇年ごろまでの数百年間を、人は「暗黒時代」と呼ぶ。ことにその初期には、本土における人々の移動ははげしく、また本土からエーゲ海や小アジア沿岸への流出もあわただしかった。新来のドーリア人たちをも交えて、ギリシア人の世界は混沌の坩堝《るつぼ》と化し、軋轢《あつれき》と試行錯誤のなかで人々は新しい社会秩序の創出を懸命に模索していた。

ミケーネ時代からの集落の多くが放棄され、人口は極端に減少した。生活水準も落ち、はなやかな工芸の世界が姿を消す。東方との交流もとだえ、ギリシア本土の青銅器文化は、ここに明らかな終末を迎える。線文字Bも王国の滅亡とともに失われ、ギリシア人は再び文字をもたない民となった。ということは、この時代を再現する手立《てだ》てとして、貧弱な遺跡・遺物のほかは、わずかな伝承しか存在しないということだ。その意味でも、それはまさしく「暗黒時代」である。

創造のとき――ポリスの形成

しかしこの時代は、ギリシア史にとって決定的に重要な意味をもっている。新来のドーリア人や西北方言群のギリシア人を交え、古代ギリシア人は、ここに第二の、そして最終的な民族としての形成期を迎える。

東方方言群	アッティカ・イオニア方言	アッティカ・イオニア・エウボイア
	アルカディア・キプロス方言	アルカディア・キプロス
	アイオリス方言	レスボス
		―テッサリア・ボイオティア―
西方方言群	西北方言	フォキス・ロクリス・エリス・アイトリア
	ドーリア方言	ラコニア・メッセニア・メガラ・コリント・アルゴリス・ロドス・テラ・クレタ・シチリア

ギリシア方言の分類

ギリシア語はさまざまな方言に分かれ、前四世紀ごろまで、それをかたく守りつづけているところに一つの大きな特色がある。それを利用して、学者たちはギリシア人を方言の差によって分類するが、このような各方言の形成も、実はこの時代になされたと見るべきだと、近年の言語学の成果は教えるのである。

この時代の永い模索の果てに、ギリシア人は小王国の分立に代わる、まったく新しい社会秩序を樹立することに成功している。おそくとも前八世紀の半ばには、小アジア西岸、エーゲ海の島々、そして本土の各地にポリスと呼ばれる多くの都市国家が成立しているのである。それはギリシア人が生み出した独自の国家形態であった。これ以後のギリシアの歴史や文化は、すべてポリスの上に成り立っているといって過言でない。世界史全体から見ても、はなはだ特異な、そしてギリシアをしてまさにギリシアたらしめた、このポリスが形成されたのも「暗黒時代」のさなかであった。

青銅器に代わって鉄器の使用が普及定着したのも、この時代における大きな出来事であった。工芸の世界でも、衰頽したミケーネ様式の陶器に代わって、前十一世紀の半ばごろから、曲線と直線とを複雑に組み合わせた「原幾何学様式」と呼ばれる斬新な文様をもつ陶器がアテネでつくり出され、それが各地にひろまる。これは「暗黒時代」の末には「幾何学様式」として完成され、新しいギリシア人の世界を象徴するものとなるのである。

イオニア植民とコドロス王伝説

この時代はまたドーリア人をも交えつつ、ギリシア人の世界が本土の枠をこえて、エーゲ海の島々から、さらには小アジア西岸にまで、しっかりと根づいた時期でもあった。この地域には、ミケーネ時代にすでにギリシア人が進出し、ロドス島や小アジアのミレトスなどには彼らの植民地が設けられていたことが、考古学の発掘の成果に基づいて、今日わかっている。

原幾何学様式陶器（アテネのケラメイコス出土，前10世紀末）

これらの地方はギリシア人にとって、けっして未知の土地ではなかった。しかしギリシア人が大挙して海を渡り、かの地を自分たちの新しい生活の舞台と化したのは画期的な出来事だった。このような動きのもとをなしたのが、前十三世紀末からの本土の動乱であることはいうまでもない。この間の事情については、いわゆるイオニア植民に関する伝承が詳しい。

小アジア西岸中央部のイオニア地方への植民には、アテネが重要な関係をもっている。外敵の侵入を免れたアテネには、動乱の犠牲となった他地域のギリシア人が避難民として大量に流れ込んだ。そのなかに、線文字B文書ですでにわれわれに親しい、あのピュロスからの人々も含まれていた。しかも驚くべきことに、そのなかの王族の一人のメラントスという者が、ミノタウロス退治で名高いテセウスの血統を引く王家に代わって、アテネの王位についたという。さらに伝承は、メラントスの子コドロスが身を挺《てい》して外敵を防ぎ、アテネを国難から救った、と伝える。

ところが、戦死したコドロスの二人の男子、メドンとネーレウスとの間に相続争いが起こり、メドンが勝って王位を継ぐ。敗れたネーレウスは、アテネに住む人々の一部を率いてイオニアに渡り、子孫とともにこの地方の植民市建設の中心となった、というのである。

エーゲ海の新秩序の形成

避難民のアッティカへの大量流入、それによる人口の異常な膨張と王家の交替まで見た社会的変動、おそらくは人口過剰を解決するためのイオニアへの植民活動。上記の伝承はこの

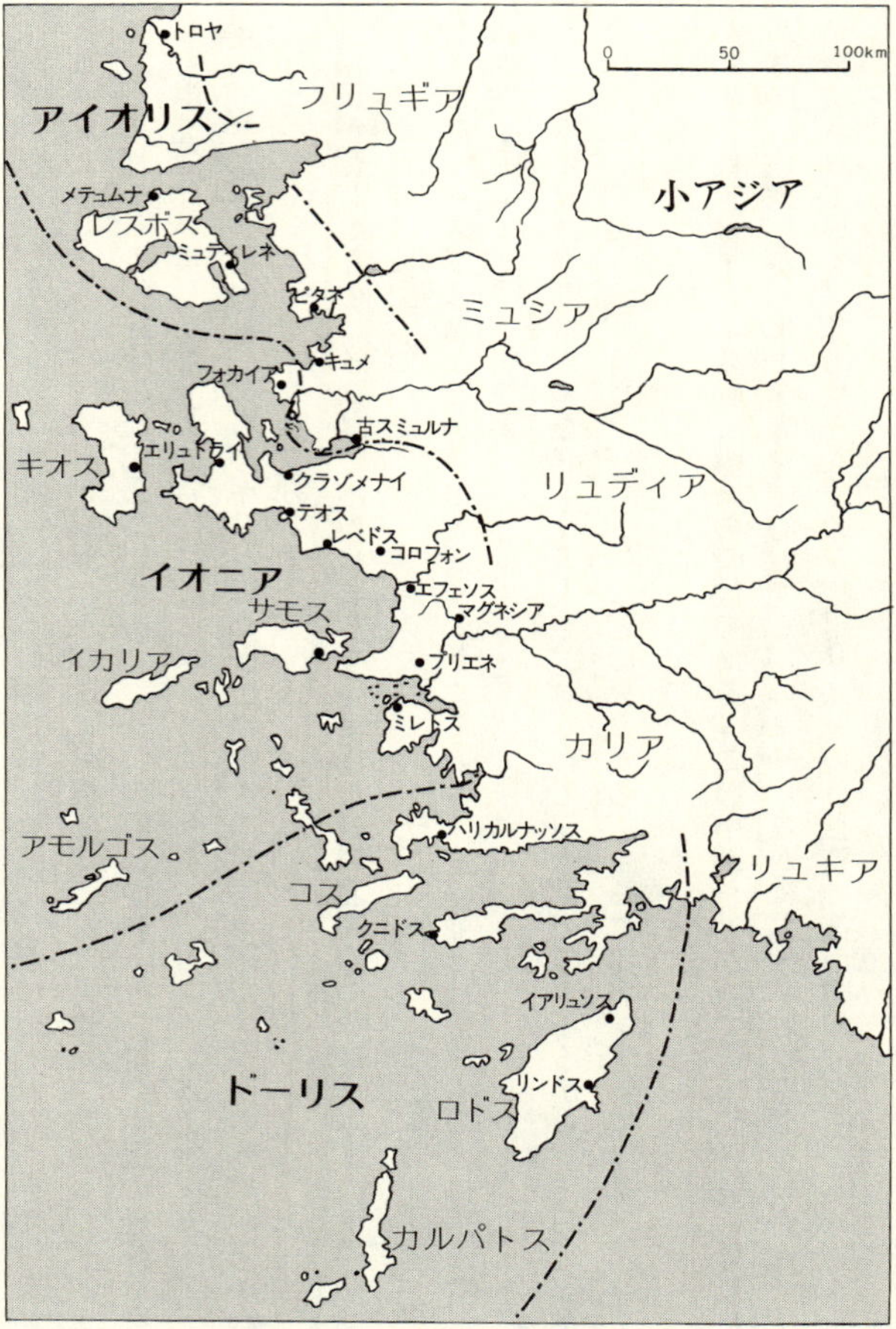

東エーゲ海のギリシア植民市

ような状況をつぶさに伝える。イオニアへの植民は、むろん一挙に行われたものではない。前九世紀の末ごろまで、東方への移動は波状的に何度もなされたと推定されるし、アッティカ以外の地からも植民者は流出している。一つ一つの町についてみれば、植民の経緯は必ずしも単純でない。しかし、この時代に、ミレトス、プリエネ、エフェソス、フォカイア、キオス、サモスといった、のちのギリシアの歴史に大きな役割を果たす都市の基礎が築かれたことは、なんといっても重要である。

植民が行われたのはイオニア地方に限らない。小アジア北部沿岸には、本土のテッサリアやボイオティアに住んでいたアイオリス人たちが西北方言群のギリシア人に追われて、移住してきた。レスボス島などがこのとき植民されている。この地方は移住者の名に因《ちな》んでアイオリスと呼ばれる。

ペロポネソス半島に入ったドーリア人も、おくれて前十世紀の末ごろから、その一部が東方へ向かう。彼らは、クレタ、ロドスなどの島々から、さらに小アジア沿岸南部ドーリス地方に定住した。

「暗黒時代」はまさに変動と模索の時代である。この中から、かつての王国分立の体制に代わる新しい秩序が、エーゲ海を中心とする、いまやはるかに拡大された空間を舞台に、徐々に形成されていく。その核をなすのが、ポリスという独特の都市国家であることはいうまでもない。

ポリス成立の謎

ポリスの生誕、これこそ「暗黒時代」が果たしえた最大の歴史的役割である、といってよいであろう。

しかし、このポリスの成立過程も、これまで見てきた初期ギリシア史上の大きな出来事と同様、まったく謎につつまれている。ただ、この時代をミケーネ時代とくらべてみた場合、小王国という比較的大きなまとまりが瓦解《がかい》して、そのもとにあった、おそらくは集落単位の小さな共同体が基本的な社会集団として浮上したであろうことは、まず確実に推測できるのではないか。

むろん、アテネのような外部からの侵入を受けなかったところでは、ミケーネ時代の王とその一族の地位は、なおしばらく安泰であった。ピュロスのように、住民が大挙して移動したような場合も、彼らはなお、民衆の指導者としての位置を保ったであろう。メラントスのアテネ王位簒奪《さんだつ》の背景には、このような事情が伏在していたものと思われる。

しかし、これらは例外であって、ほとんどすべての王とその一族は、王宮炎上のさいに死亡するか逃亡するかして、その地位を永久に失った。と同時に、王権のもとにあった共同体が一斉に独立し、在地の有力者であるバシレウスたちが、変動期の指導者層として歴史の表面に躍り出るのである。

彼らのもとに、人々は小さな集団をなして、あるいは安住の地を求めてさまよい、あるいは新しい生活を求めて建設の鍬《くわ》をふるったであろう。集団相互の争いや協力もしばしば行われたであろう。

新たにギリシア本土の地を踏んだ第二波のギリシア人たちも、同じような状況のもとにあったと想像される。彼らはエーゲ文明の外にあって、社会的にも原始の状態をとどめていた。族長たちを頂点とする多数の小集団が、争闘と提携とをくりかえしながら、定住の地をめざして移動を重ねていたのであろう。

新旧ギリシア人の交錯も当然見られたであろう。強力な集団が弱小集団をその居住地から追い出し、活力に充ちたドーリア人たちが、先住ギリシア人の共同体を征服することも、しばしばであったろう。

定住と貴族支配の成立

このように流動的で不安定な状態は、ギリシア本土についていえば、前十世紀に入るとしだいに鎮静に向かった、と想像してよいだろう。アテネやペロポネソス半島中央の山間部アルカディアを除けば、本土の大半はドーリア人など新来のギリシア人の支配するところとなっていた。先住のギリシア人は、こうしたドーリア人たちの支配下に入ることを好まないなら、彼らの侵入を免れた地域に逃げこむか、海を渡って新天地を開拓するかの道を選ばなくてはならなかった。

先住ギリシア人の場合にせよ、新来のギリシア人の場合にせよ、人々はバシレウスや族長たちを中心に村を形成して定住するようになる。

バシレウスたちは、土地の配分や、生産労働を保障する日常生活の規律の維持に指導力を発揮し、万一の場合には外敵に対して共同体の成員を守る軍事指揮者としての役割を果たしたであろう。反面、彼らは他の成員にくらべて大きな土地を占有し、農耕・牧畜を大規模に営むことによって、しだいに富を蓄積していく。そして、この富を基礎に、有力者は血縁の者たちと一族としての結束を固めながら、みずからの家柄を神々や英雄の後裔《こうえい》として美化し、これを誇るようになる。

共同体連合＝ポリス

社会の安定とともに共同体内部での物資の交換が生じ、それはさらに共同体間の交易へと拡大される。有力者の間の相互連帯も徐々に生じたであろう。

陶器や金属製品への需要が生まれれば、交易は近隣の共同体間のそれを越えて、遠隔地からの輸入が必要となる。ここまでくれば、従来の小さな共同体では、日常の生活の枠組みを形づくる社会集団として、明らかに不十分である。それに、被征服民である先住ギリシア人を武力で抑えつけていかなくてはならないドーリア人たちの共同体とか、周囲を異民族に囲まれている小アジア沿岸のギリシア人の共同体にとっては、ことに、一つ一つが孤立しているよりも、要害の地を中心に、いくつかの集団が結集して外部の敵に備えるほうが、はるかに賢明といえた。このような軍事的要請は、程度の差はあれ、他の地域にとっても同様であったろう。このようにして形づくられた共同体の連合がすなわちポリスである。この新しい都市国家形成の主導者は、むろん、すでに十分の力を蓄え、かつ相互連帯を強めつつあったバシレウスたちであった。彼らが一ヵ所に集まり住んで、そこを政治・軍事の拠点となし、領域の他の部分を支配する場合もあった。

ポリスの成立当初は、もっとも有力なバシレウスをミケーネ時代の wanaka に準ずる王の位につけて統合の実を挙げる方策もとられただろう。しかし、やがて、ごく少数の例外を除いて王政は廃され、有力者たちの共同支配、すなわち貴族支配が普遍的な国制となる。前八世紀のなかごろ、古代ギリシア人の姿を再び史料のうえに確認できるようになると、エーゲ海を中心とするギリシア世界のここかしこに、このようなポリスが群立しているのを、われわれは見いだすのである。

3　ホメロスの詩

オリンピア競技

舞台の照明はようやく明るさを増す。特定の事件の年代をどうにか定めることができるようになったのが、なによりの証拠である。そして、このような年代のうち、もっとも古くに遡るものとしてあげられるのが、前七七六年のオリンピア競技の創始である。

永い「暗黒時代」の果てにギリシア世界に形成された新しい秩序は、さほど広くもない地域にきわめて多数のポリスが分立する、というものであった。ミケーネ時代でも一つの王国のもとに統一されることがなかったギリシアは、いっそう細分化された姿をわれわれの前に呈する。

一つ一つのポリスは、人口・領域ともに小さくとも、それぞれが完全に独立の国家であり、相互の間に、対抗あるいは競合の関係が潜在するのが常であった。しかし他面、ギリシア人は、政治的な対立を越えた民族としての一体感をつよく保持していた。それは言語・生活慣習・宗教の共通性によって支えられ、しかも彼ら自身、そのことを明確に意識しているところに特徴があった。それは、のちにギリシア語以外の言葉を話す人々をバルバロイとして蔑《さげす》んだことにも、表れている。

オリンピアの競技は、このようなギリシア人たちの民族的一体感を象徴するとともに、さらにそれを盛り上げる機会でもあった。ギリシアにはポリスの枠を越えて、いわば全ギリシア的な尊崇をあつめる宗教的中心がいくつかある。ペロポネソス半島西北部、エリス地方のオリンピアにあるゼウス神殿もそれであった。近代オリンピック競技の原型として知られる

オリンピアのスタディオン（競技場）

古代オリンピア競技は、四年に一回のこの神殿の大祭にさいして催された体育競技である。

祭典の行事として、競走・槍投げ・円盤投げ・幅跳び・レスリング、それに戦車競走といった各種の体育競技を行うのは、体力をも含めた全人的な成長を重んじ、また、戦士としての訓練を重視したギリシア人独特の慣わしである。オリンピア競技はこの種の催しのなかでも最大の規模を誇り、ギリシア全土から技にすぐれる者たちが集まって力量を競いあった。ここでの競技に優勝することは、当の参加者にとっても、また、彼の出身ポリスにとっても至上の名誉とされた。

ポリス間の対立がはげしかったこの世界で、競技が催される前後、オリンピアに集まる人々の安全を考慮して、一時的に休戦する慣行が確立していたことも、オリンピア競技の全民族的な性格を物語るといえよう。

民族の詩

オリンピアの競技とほぼ同時期に成立し、以後永く、民族の共有財産としてギリシア人の愛誦の的となったものにホメロスの詩がある。『イリアス』『オデュッセイア』の二大叙事詩は、文学や美術の創造に携わる人々にとって偉大な模範、創作意欲と題材とを、ともに与える源泉となった。そればかりではない。すべてのギリシア人にとって、ホメロスの詩はいかに生くべきかを学び、兼ねて、日常のこまごました生活の知恵を身につけるための教本でもあった。幼い子供にこの詩篇を暗誦《あんしょう》させることも行われたらしい。

二つの詩は古代ギリシア人の心の襞《ひだ》にしみとおり、彼らの考え方や感じ方に決定的な影響を与えたのである。

このようにかけがえのない重要な作品ではあるけれども、ホメロスとはどのような人物か、二つの詩はいつごろ、どこで、またどのようにして成立したかについては、不明の点が多い。

ギリシア人たちはむろん、最高の民族詩人ホメロスの実在を信じていた。しかし、彼がいつ、どこで生まれたかについてすら、すでにいくつもの説があって、けっして意見の一致をみていたわけではない。まして、ものごとを批判的に見る近代の学者たちが、ホメロスなる人物の実在に懐疑的になったのには、無理からぬところがあった。この懐疑論は二つの詩のテキストの分析に立脚している。

詩篇の核をなす、たとえば「原イリアス」とでもいうべき部分は、一人の大詩人の手になるが、その他の部分は、のちの詩人たちによってつくられ、増補されて、結局、今日見るような詩が完成されたのだ、とある学者は考える。またある学者は、そうではなく、もともといくつかの比較的小さな詩篇としてつくられたものが、一つの詩にまとめられたのだ、と説く。

いずれにせよ、これらの説は二つの詩篇がホメロスというひとりの人物によって創造されたとする伝えを否定するものである。そしてこの考え方が、十九世紀から二十世紀の三〇年代にかけて、欧米の古典学者たちの間で、有力視されていた。

一人の天才詩人

しかし現在では、このような分析的な見方に対する反省が生まれ、詩篇は前八世紀、まさにポリスが成立しつつあった時期に詩人として活躍していた天才が、ほぼ今日見るような形に、一挙にまとめ上げたものだ、とするのが通説である。

『イリアス』にせよ『オデュッセイア』にせよ、トロヤ攻城の物語を、あるいはまた英雄の帰国譚を、ただ綿々と語っているのではない。これらの話と、それを取り巻くもっと広大な説話群とを背景としながらも、それらを自在に咀嚼《そしゃく》・利用して、全編を挙げて四、五十日間の事件の展開へと収斂させている。その緊密な構成は非凡というほかない。

このことは同時に、二つの詩篇が追補という形にせよ、合成という形にせよ、とにかく、多数の作者の手によって成ったとする解釈を否定する。

『イリアス』も『オデュッセイア』も、一人の天才詩人の創造の産物である。われわれはこの天才を、伝承にしたがって、仮にホメロスと呼ぶことにしよう。彼が生まれて活動したところがイオニア地方であることは、まず間違いないらしい。諸説はあるにせよ、古代の伝承が多くここを指しているし、詩が基本的にこの地方の方言でつづられていることが、なによりの論拠である。

もっとも、『イリアス』と『オデュッセイア』が同一の作者によるものかどうかについては疑いがもたれている。両者の間には、全巻の構成のうえで重要な一致が見られるけれども、文体の点でかなりの差がある、と専門家はいう。『オデュッセイア』の方が一般に平明だと見られているのである。

詩句の内容も、『オデュッセイア』は『イリアス』よりやや新しい時代を反映している、と思われるふしがある。社会制度についての記述もそうだが、ギリシアより西方の地に関する知識が、ここでは新たにつけ加わっている。したがって、断定は難しいけれども、『オデュッセイア』は『イリアス』におくれること数十年、おそらく前八世紀の末に、ホメロスの影響をつよく受けた別の天才詩人によって創造された、とする解釈も提出されているのである。

創作の秘法をさぐる

ところで、一九三〇年代以降、ホメロスの詩に対する分析的な見方から転じて、これを一人の詩人による創作と見る解釈へと学界の潮流が動いていった背景には、新しい研究方法が導入され、叙事詩創作の技法が徐々に解明されていった事実がひそんでいる。

ここで新しい研究方法と呼ぶものには、二つある。

その一つは、十四世紀以降、現代まで旧ユーゴスラヴィアの一地方に生き残ってきた口承叙事詩の実態研究であり、その二は、ホメロスの詩句の徹底的な分析である。

ホメロスの詩の成立は前八世紀である。しかし詩の内容から見て、このときに詩人が遠い過去の英雄たちの勲《いさおし》を、彼自身の創作力のみに頼って謳《うた》いあげたというものではないらしい。

詩篇には、『イリアス』第二巻の、勢ぞろいしたギリシア方の軍勢を列記する有名な「艦船表」のように、詩の舞台になっているミケーネ時代末期の状況をかなり正確に伝える記事が少なくない。詩人は、なにか基になる資料をふまえて謳っているのにちがいない。しかもそれは、トロヤ戦争からさほど隔たっていないミケーネ時代の末か、それにつづく暗黒時代初期に遡ることのできるものである。

文字のない世界

ところで、この時期のギリシア人は、既述のように文字を失っている。いくつかの王宮が焼け落ちるまでは、そのなかで線文字Bが使われていた。しかしそれとて、詩文をつづるにはおよそ不適当な文字である。

ホメロス自身、竪琴を弾じながら人々の前で歌う吟唱詩人だった。このような歌い手たちは、当時も、またそれ以後も、イオニアその他の地で活躍している。彼らはホメロスの詩のなかにも姿を見せる。口承詩、それはミケーネ時代このかた、ギリシア人の間における一つの伝統だったのではないか。自分の頭のなかに、数多くの物語をたたみこみ、聴衆の求めとその場の雰囲気に合わせて、それを自在に歌いこなす。即興的に創作される部分もあったであろう。大まかな筋は聴衆のだれもが知っている。要は語り口、細かな表現の仕方にあった。

ホメロス

むろん、このような業《わざ》はだれにでもできるというものではない。吟唱詩人は明らかに特殊技能者であった。幼時から厳しい訓練を重ね、その記憶力は衆にすぐれる。すべては口伝《くちづ》てである。それによって英雄たちの武勇譚が世代から世代へと伝えられていく。

このような口承詩の伝統のなかにホメロスはいた。『イリアス』も『オデュッセイア』も一万行をこえる長大な詩である。筋立《すじだ》ても単純でないし、構成も凝《こ》っている。このような作品が文字なしで創られるものだろうか。しかし、旧ユーゴスラヴィアの、口承詩の歌い手たちの想像を絶する能力が、この種の疑問を解消する。

口承詩人たちは、ふだんは短い話、あるいは長い物語の一部を語るにすぎない。だが、いざとなれば、長大な詩をテキストの助けなしで自由に謳《うた》うことが可能なのである。もって生まれた才能と、幼いときからの訓練が、人間業《わざ》とも思えぬことを可能にする。アイヌの口承叙事詩『ユーカラ』の歌い手たちにも、同じような能力がうかがわれるという。彼らは文字を知らない。文字を知っていては、かえってまずいのである。文字の使用は記憶力の減退につながるからだ。

口承詩の秘密

口承詩の秘密は、しかしそれだけに止《とど》まらない。長大な詩行を吟唱詩人の口からつむぎ出すことを可能にさせるもの、それは抜群の能力と高度の訓練だけではない。実は、それなりの道具立てが用意されているのである。

ホメロスの詩句を綿密に分析した専門家のいうところにしたがえば、二つの詩には、話題にせよ、字句にせよ、くりかえしが実に多い、という。二つの詩を合わせた二万八千行のうち、まったくのくりかえしが約五分の一、行の中になんらかのきまり文句が含まれるものは、実に二万五千行に達する、といわれる。人名や地名につけられる枕言葉を代表とする、この種の定形句こそ、口承の長大な叙事詩創作の秘密の鍵《かぎ》である。

歌い手は、この定形句を徹底的に頭にたたきこんでおく。そして物語の進展に応じ、まさにその場所場所にふさわしいものをつぎつぎに取り出し、それをあてはめながら歌いつづける。詩である以上、韻律が厳しく定められている。定形句を用いる場合も、内容よりもこの韻律が選択の基準となり、その結果、一つの場所に用いることのできるいくつかの定形句のうち、ただ一つの句が結局、採用可能なのだという。

口承叙事詩は、厳密なテキストがあって、歌い手はそれを寸分たがわず再現する、というものではない。聴衆と共有する物語の大筋を前提としたうえで、あとは歌い手の絶大な記憶力と即興的創作力とに依存する、ある意味では一回性のすこぶる強いものであった。その創造の秘密を技法的にみれば、右に見たような定形句の使用にある、ということになる。

この種の定形句を数多く憶えこみ、それを、その場その場で、即座にかつ的確に使いこなす術を会得すること、それは、吟唱詩人としての訓練の重要な部分をなしたことであろう。

定形句の体系は世代から世代へと継承され、また時代の変遷に応じて追加されていった。記憶と即興的創作の双方にわたって、それは口承詩人たちの負担を大幅に軽減する役割を果たした。しかし、定形句の頻用は必ずしも内容の陳腐化を意味しない。和歌の枕言葉と同じで、それらは豊かなイメージ喚起力を示し、そこに、むしろギリシア口承叙事詩の大きな魅力があったと考えられる。ホメロスの詩篇がそれをよく表している。

吟唱詩人と聴衆

ホメロスは、このような伝統的技法を身につけた吟唱詩人のなかで、群を抜いて聴き手の心をとらえる存在だったのであろう。数多い吟唱詩人のうちで、彼の謳《うた》いあげた詩が文字に書きとめられ、のちの世に伝えられた事実がそれを物語る。

文字に定着した詩の非凡な構成力と豊かで深い描写力は、おそらくホメロス個人に帰せらるべきものであろう。しかし、これまで見てきたように、ホメロスは実に多くをギリシア口承叙事詩の伝統に負うている。二つの詩篇はホメロスという天才ひとりの創造物ではない。成立の過程からしても、それらには民族の詩という呼び名がふさわしいのである。

口承叙事詩は多くの人々の前で歌われる。作者が自分一人の力で創り出したものを、人々に披露するというのではない。みなが共有する物語を、吟唱詩人という特殊な職能集団のなかで培《つちか》われてきた技法を駆使して歌い、人々を楽しませる。

詩人は、聴衆のそのときどきの求めを、その場の雰囲気を鋭敏に感じとらなければならない。主題も、語り口も、また細かい筋立てや表現すらも、それによって変わってくる。

聴き手の方も、反応がすばやい。詩のなかの人物と一体となって、あるいは喜び、あるいは悲しむ。興に乗れば、膝《ひざ》をのり出し、喝采《かっさい》する。歌い手に不平をもてば、すぐさま表情に動作にそれを表しただろう。歌い手は、聴衆の好尚に、じかに向きあい、それに左右されざるをえない。この意味で口承叙事詩は、歌い手と聴き手との合作なのである。

自由の民の前で謳う

ギリシアの口承叙事詩が、どこで、どのような人々を前にして謳い継がれてきたか。それはホメロスの詩の成立にとって、すこぶる重要な問題である。これについても長い研究史があるが、定説はない。

王や英雄たちの活躍する詩の内容から見て、暗黒時代にも貴族の館で身分の高い人々を前にして歌われてきたものだとする考え方が、永い間、通説的位置を占めていた。

しかし近年では、旧ユーゴスラヴィアでの叙事詩伝承が貧しい民衆たちの間でなされていること、また、ホメロスの詩が成立した直接の基盤である暗黒時代のイオニア地方には、現在までの考古学的発掘の成果によれば、民衆と隔絶した華やかな王宮や貴族の館というようなものが存在したとは考えられないことを理由に、口承叙事詩はむしろ民衆の祭や集まりで吟唱されてきたものだとする新しい説が提出されている。

これは、興味深い考え方である。とりわけ、イオニア地方の民衆の置かれた環境を考えあわせると、なかなかに意味が深い。

いわゆる「暗黒時代」は、そのはじめの動乱期をのぞけば、けっして暗い時代ではない。苦難と試行錯誤の連続ではあったけれども、閉塞的な状況とはおよそ無縁である。古い社会が崩壊し、人々は新しい秩序をめざして、貧しいながらも張りのある毎日を送っている。圧制者はいない。人々は自由である。

トロヤ攻城の物語をはじめ、かつてのミケーネ時代の英雄たちにまつわる叙事詩を本土から小アジアにもたらしたイオニア地方の民衆について、このことはとくにあてはまる。彼らは、本土とは海をへだてた新天地にいた。小アジアの支配者ヒッタイト王国も、とうに潰《つい》えている。

詩人の力

社会的背景が文学の創造にどの程度、深く関与するものなのか。これはきわめて難しい問題である。しかし口承叙事詩の場合、その創作過程からみて、社会的基盤が他のジャンルの作品とくらべて、はるかに直接的な規定力をもつことは十分、想像される。

だからといって、自由な民衆との交流がギリシア口承叙事詩の、そしてまた、ホメロスの詩の卓越にそのままつながったわけではないだろう。聴衆の存在は、むろん創作のうえでの決定的な条件の一つではあったけれども、吟唱詩人たちは特殊な職業集団に属する者として、一般の民衆の外にあった。彼らは民衆との交流に創作上の原動力を見いだしながらも、民衆のなかに埋没しなかった。

しかも反面、詩人たちは民衆によって絶えず優劣を判定される関係にあった。そこには競争の原理が有効に働いている。このような仕組みこそ、ギリシアの叙事詩を磨きあげた社会的条件である。専門家は、こう推測する。

ホメロスの詩の誕生の秘密は、社会的背景と文学的技法の双方にわたって、かなりの程度に明らかにされたといってよい。しかし、そのような条件に規定され、また支えられながら、現在に遺されている二つの詩篇をつくりあげたのは、あくまでホメロスという一人の詩人の力である。そこには学問的分析を容易に許さぬ文学創造の、古今を通じて変わらない姿がある。

同じ聴衆を前にし、同じ技法を用いながら、凡百の詩人のはるかに及ばぬ感銘を人々に与えうる天賦《てんぷ》の才。多くの人がそれに惹《ひ》かれ、並はずれた声価が彼の詩を文字に定着させるきっかけをなしたのであろう。

アルファベットの誕生

ホメロスの詩が今日まで遺されているのは、いうまでもなく文字の力による。イオニアの地でホメロスという天才詩人が活躍していたちょうどそのころ、ギリシア文字、いわゆるアルファベットが考案され、使用されはじめていた。これは世界文化史上の一つの僥倖《ぎょうこう》といっ

アルファベットの成立

てよいだろう。

アルファベットは、前八世紀前半、シリア方面に進出していたギリシアの交易商人たちが、そこで接触したフェニキア人の音標文字を学び、これに改良を加えてつくり上げたものといわれる。子音だけを表すフェニキア文字を基礎に、母音符を新たに設けてできあがったアルファベットは、ミケーネ時代の王宮で使われた線文字Bとちがって、ギリシア語を無理なく、また正確に書き記す手段として格好のものとなった。字画も簡明だし、二十数字を憶えれば、どんな語でも書き表せる。これはまことに重大な発明だといってよい。

文字は王宮の書記や役人の独占物から、ひろく民衆のものになった。人々は日常生活にこれを気軽に利用する。およそ奇体な線文字Bと異なり、アルファベットは詩文をつづるにも適している。以後のギリシアの文学や哲学の発展にとって、アルファベットの発明は不可欠の前提をなすものであった。

テキストの成立

ホメロスの詩は、普及しはじめたこのギリシア文字によって書きとめられ、ギリシア文学最古の作品として後世に遺されることになった。しかしその細かな経緯はわからない。ホメロス自身が書き下すことはおそらくなかっただろう。彼の吟唱をだれかが筆記する。これが考えられる制作の方法である。

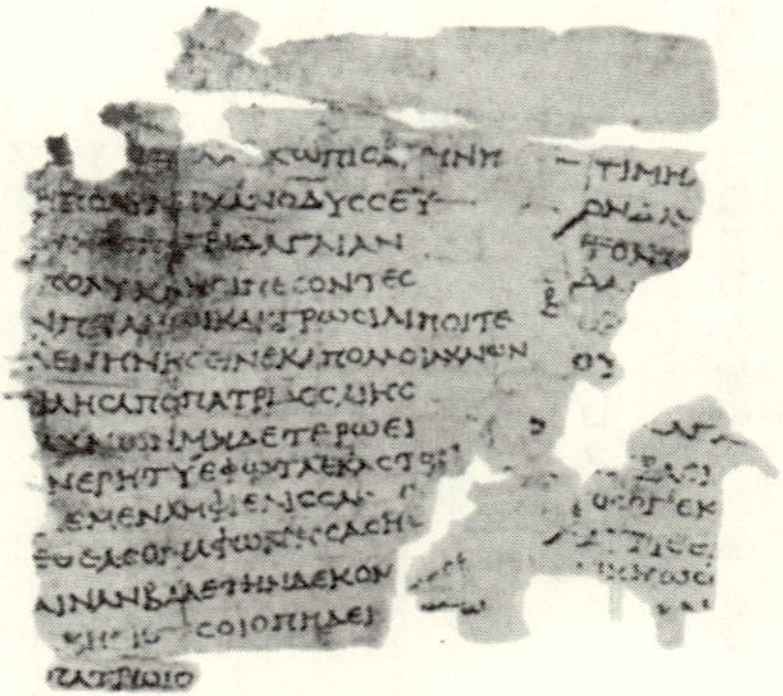

ホメロス写本（前２世紀半ばのパピルス）『イリアス』の第２巻が書かれている

ふだんホメロスが吟唱するものを写す、といったものではなかったにちがいない。口述筆記の企てがホメロスの合意のもとに成立し、詩人はそれを念頭に、全力をふりしぼって一篇の叙事詩を語ったのだと想像される。そのまま吟唱すれば何日にもわたる長大な詩篇が、しかも緊密な構成をもって私たちの目の前にある。筆記のための特別の席で、集中的に時間をかけて謳《うた》いあげられた。そう考えるのが、いちばん自然なのである。

もっとも、今日私たちの手にするテキストに、最終的に定まったのは前六世紀であった。

ホメロスの二つの詩篇は、前八世紀末以降、成立したテキストを基に、吟唱詩人たちによってギリシア各地で歌いひろめられていった。各地の祭での朗誦が、大事な機会となったらしい。

前六世紀に入ると、なかでもアテネの守護女神アテナの生誕を祝うパンアテナイア祭が叙事詩吟唱の重要な場となった。そして、この祭を盛大なものとした僭主《せんしゅ》ペイシストラトスによって、ホメロスの詩の本文の確定が図られた、というのが古代の伝承である。この伝えは、大筋において正しい、とするのが多くの専門家の見方である。

史料としてのホメロスの詩

これまでホメロスの詩の成立について述べてきたのは、それ自体、ギリシア史の興味ある問題の一つであるからにほかならない。だが、それだけではない。二つの詩が、史料のきわめて乏しい初期ギリシア史の大切な考察材料だからである。史料を用いるには、その性格をよく心得ておく必要がある。この点で、ホメロスの詩の成立史が、実は重要な関係をもってくるのである。

すでに見てきたように、ホメロスの詩は永い口承詩の伝統をふまえている。舞台がミケーネ時代の遠い昔に設定されているというだけでなく、詩の核をなすものは、ミケーネ時代の末か、それにごく近い時代に遡る。線文字B文書ほど直接的でないにせよ、ホメロスの詩篇はミケーネ時代を探る史料としての意味を十分にもちうるのである。「艦船表」などの個々の記事だけでなく、詩全体にうかがわれる雰囲気も、ミケーネ時代のそれを映し出すものとの評価を与える学者すらある。

詩人と同時代の様子を表すとされている記事もむろん多い。自在に用いられて詩に彩《いろど》りと生気とを与える比喩は、おおかたこの部類に属する。ホメロスの時代はポリスの成立期にあたる。とりわけ史料に欠けるこの時代を描くのに、ホメロスに頼るべきところは、けっして少なくないのである。

「ホメロス的社会」

ギリシアの口承詩が育《はぐく》まれた時期、それはほとんど「暗黒時代」と一致する。この時代の様相がホメロスの詩に反映されていることも、当然考えられる。その場合、注目すべきは、ホメロスの詩のなかにうかがわれる社会の在り方が、基本的には暗黒時代のそれを表すとの見方が、ことに社会史の専門家の間でかなりひろく採られている事実である。

詩のなかで活躍する王たちは、線文字B文書から知られる王 wanaka の像とはかなりちがう。ホメロスの王たちは官僚組織をもたないし、貴族たちとの関係も相対的に優位に立つというだけで、少なからぬ緊張を絶えずしいられている。民衆に対する支配も表立って描かれておらず、貢納制のごときも、どうやらなかったらしい。

このような、いわば族長的な王を中心とする社会関係は、混乱と移動の時期を経て、それぞれの集団がようやく各地に定着するにいたった前十世紀から前九世紀のそれを反映するものである。これを社会史の史料として見た場合、ホメロスはポリス成立以前の状況を示す。それは「ホメロス的社会」とでも名づくべき、初期ギリシア史の一段階である。

これは、まことに魅力的な見方である。ミケーネ時代の王国から、のちのポリスにいたる過渡期を把握するための、一つの有力な解釈であることはたしかだろう。しかし、ホメロスのなかに統一的な社会像を見出そうとする試みは、方法的に正しいといえるだろうか。

詩の世界と社会像

ミケーネ時代、ポリス成立初期、それに中間の暗黒時代という三つの時期それぞれを映す要素が複合されてできあがった世界、それが「ホメロス的社会」といえばいえるだろう。しかし、それは歴史的実在でなく、あくまで一つのフィクションである。これを特定の時代に比定することは避けたほうが賢明である。

考古学上の知見とつき合わせてみると、ホメロスにはミケーネ時代と前八世紀の様相は色濃く投影されているけれども、中間の暗黒時代の影を確認するのは難しい、とする研究もある。

暗黒時代は、前代のはなやかな英雄たちの物語を記憶し、かつそれを育てたけれども、そこにみずからの時代相を恣意的《しいてき》に付加することはなかった。前代と打って変わり、貧困な物質文化しかもたなかった当時とすれば、これは当然であり、そのような意味で、みずからの時代を口承詩に反映させることができるようになったのは、前八世紀に入ってからであった。社会制度も物質文化と不可分である以上、ホメロスのなかに、総じて暗黒時代の反映を認めることは困難だ、とするのが正しい。

この批判は、ホメロスの描く像が歴史的事実を重んずる観点からすれば、あくまで複合的なものであり、少なくとも、それを暗黒時代の社会を知るための主要な史料と受け取るのはやや性急にすぎることを、改めて考えさせる点で意味があるように思う。文学作品であるうえ、その成り立ちがきわめて特殊であるだけに、ホメロスの詩篇を歴史の素材として用いるには、とくに慎重な態度が必要とされるのである。

4　貴族と平民

ポリスの歩み

前八世紀半ばはギリシア史にとって本格的な幕開きの時期である。世界史のなかで古代ギリシアが真に独自性を主張しうるのは、このころからである。前八世紀から前六世紀までを、ギリシア史のうえではアーケイック期（古拙期あるいは前古典期）と呼び慣わしているが、この時代の前半、前七世紀末ごろまではポリスの歴史の初期にあたる。この時期には、各ポリスとも貴族の支配がゆきわたっていた。前七世紀末を境にこのような体制に動揺が生じる。そして永い変動の時期をへて、前五世紀にはポリス民主政が完成するのである。

アーケイック期はまた、ギリシア人の世界が飛躍的に拡大した時代でもある。それは、前七五〇年ごろから二百年間にわたって行われた植民活動にもとづく。アーケイック期は、前五世紀以降のポリス社会の完成と、そこにおけるギリシア古典文化の開花へ向かって一歩一歩前進する時代であった。

そうはいうものの、前八世紀、新たなスタート・ラインに立ったギリシア人にとって、ゴールははるか彼方《かなた》にあった。遠かったというより、見えなかったといったほうが正しいかもしれない。永い模索の時代を抜け出て、彼らはポリスという独特の国家形態を生み出した。いっときの安定がおとずれる。

しかし、どのような社会でも活力を持続させるには、そのときどきに解決しなくてはならない問題がつぎつぎと生じるものだ。ときには社会の在り方を大幅に変えねばならないこともあるかもしれない。ギリシア人は新しくつくり上げたポリスの枠組みは固守しながらも、そのなかで、よりよい生活を求めて、数々の試みを重ねる。以後数世紀は、ポリスの発展と衰退の歴史だといってよい。

その間、前八世紀と前四世紀とでは、同じポリスでも、その在り方には大きな隔たりが見られる。その違いはどこにあるか。また、そのような変遷はどのようにして行われたか。これが以下、本書の主題となろう。

「アキレウスの楯」

ところで、貴族が支配したといわれる初期のポリスとは、いったいどのような社会だったのか。われわれの最大の関心事は、その場合、支配する貴族と支配される平民との社会的関係をどう理解するかにある、といってよいであろう。この点を探るための第一の史料が、前節で詳しくその成り立ちを考えたホメロスの詩篇である。

『イリアス』の一八巻に「アキレウスの楯」という有名なくだりがある。ギリシア方《がた》第一の勇者アキレウスは、トロヤ城外の合戦で親友パトロクロスを失う。戦場へ赴《おもむ》くとき、アキレウスはこの無二の友に己れの武具一式を授けて送り出した。この武具をも彼は同時に奪われるのである。アキレウスの母、女神テティスはこれを憐れみ、鍛冶と細工の神へファイストスに、彼のために新たに見事な武具を調《ととの》えるよう歎願する。

それにこたえて、へファイストスがまずつくり上げたのが、大小五枚の円形の革を重ね合わせた大楯だった。中心から縁に向け五つの輪が拡がっている。そのおのおのの圏に、へファイストスは細緻な模様を刻みつける。詩人によるこの模様の描写は克明そのものである。とりわけ興味深いのは、そこに人々の生活の種々相がきわめていきいきと描かれていることである。婚礼の行列、耕地の鋤《す》きかえし、麦の刈り入れ、葡萄《ぶどう》の房摘み、牛や羊の放牧といった場面が、そこでの人々の動きが、あたかもわれわれの目の前にあるようにうたわれるのである。

その克明な写実性は、これらの場面が、詩人が日々目にし、聴衆もまた体験をともにした情景であったことを物語っている。それは、すでにポリスに結集していたイオニアの民衆の生活を正確に写しとっていると見てよい。なかでも注目されるのは、つぎのような裁判の場面である（四九七〜五〇八行）。

町の広場（アゴレー）に人々が集《つど》う。殺人の補償をめぐる争いを見守るのである。人々は思い思いに声援を送る。裁き手には長老たち（ゲロンテス）があたる。彼らは順に立ちあがって意見を述べる。長老たちの合議によって判決はくだされたのであろう。

しかし面白いのは、彼らの真ん中に二つの金塊が置かれて、もっとも正しい判断をくだした者に与えられるきまりだった、とあることだ。これはポリスによって与えられる褒賞である。だれに授けるかは、その場に立ち会う人々の判断による。判決にも周囲の人々の声が当然反映されただろう。民衆は裁判の直接の担い手ではないにせよ、それに積極的に関心を示し、その結果にもなんらかの影響を与えうる存在である。彼らは、一方的に支配を受ける隷属の民とは、およそ縁の遠い人々だった。

イタカの民会

作品の成立年代がややさがり、詩人と同時代の社会の様相がより多く投影されているといわれる『オデュッセイア』では、このような民衆の地位は、もっと鮮明にあらわれる。トロヤ落城後もいっこうに帰国せぬオデュッセウスの故国イタカでは、王妃ペネロペーとの再婚を求める貴族たちが、日ごと、王宮に出入りして飲み食いのかぎりをつくし、嫡子テレマコスの威令はまったく行われない。テレマコスはたまりかねて民会（アゴレー）を召集する。彼はその席上で窮状を人々に訴えるが、声高《こわだか》に語るのは反論する求婚者たちだけである。このとき、オデュッセウスの親友メントールが立ちあがっていう。

イタカのだれ一人として、やさしかった王オデュッセウスを思い起こす者がいない。「わたしが残念に思うのは、あなた方ほかの人たちだ、黙って坐り、大勢のくせに僅かな人数の求婚者たちを難詰して、やめさせようともしないとは」（二巻二三九〜二四一行、筑摩書房版『世界文学大系』1、高津春繁氏の訳による）。

テレマコスやメントールにせよ、求婚者たちにせよ、あるいはオデュッセウスの帰国を予言するハリテルセスにせよ、なるほど、発言するのは貴族だけである。民衆の誰一人として立ちあがって意見を述べるものはない。しかし、これが常の状態でなかったことは、メントールの言葉が示している。民衆に発言力がなければ、彼らが貴族への牽制を怠っているという彼の非難は意味をなさないはずである。

イタカの民会については、また、つぎのような記事もある。

父オデュッセウスの行方をたずねようとして、テレマコスはスパルタ、ピュロスを歴訪する。その帰国を迎えて、求婚者たちは彼の謀殺をはかるが、その謀議の席上で一人がいう。テレマコスが民会を召集しないうちに殺害しなくてはならない。席上立ちあがって殺害の計画を暴露するだろうからだ。民衆はそれを聞いて怒り、自分たちに害を加え、国外に追放する。そうなっては困るのだ、と（『オデュッセイア』一六巻三七六〜三八二行）。

テレマコスの出発前、メントールによってだらしなさを非難されたイタカの民衆が、ここでは、求婚者の一人から彼らの生殺を左右しうる主権者として怖れられている。王家の財産の浪費や、王妃への無体《むたい》な求婚には無関心だった民衆も、王子の殺害に対しては立ちあがって、その権利を行使するだろう。そう予測されているのである。

民会に結集する民衆の地位は、いまや明らかだろう。主導権は貴族たちにある。しかし、民衆の意向をまったく無視することは許されない。貴族と平民との身分上の差、また、実力のちがいはむろん大きい。イタカ民会の例をみてもわかるように、平民は積極的にポリスの動向を左右する挙に出ることがない。しかし彼らは貴族たちの行動を批判する自由をもち、場合によってはそれを制約する潜在的な力をもっていた。

ここに見られる貴族と平民との関係は、けっして一方的な支配・被支配の関係ではない。このことをさらに踏みこんで考えるために、格好の史料をなすのが、ヘシオドスの詩『労働と暦日』である。

『労働と暦日』

ヘシオドスは前七〇〇年ごろに活躍した叙事詩人である。彼は、ホメロスを頂点とするギリシア叙事詩の、複雑で巧緻《こうち》をきわめた技法を身につけた巨峰ではあるけれども、しかし、ホメロスやそれ以前の口承詩人たちのような職業的な吟唱詩人ではない。ヘシオドスは農民の出である。みずから農耕に従事し、農民たちの世界に生活の根をおろした人であった。

『労働と暦日』も、農民としての知恵を謳《うた》う教訓詩としての性格がつよい。そこには、当時の農民の生活の種々相が浮き彫りにされている。史料としての観点から見ると、それは同時代人の体験に基づく記録である。ホメロスの詩にも、詩人と同時代か、すぐまえの時代の、明けそめるポリスの世界の片影が認められるけれども、それらはミケーネ時代という物語の舞台に揺れる陽炎《かげろう》のようなものである。初期のポリスの社会を映し出す鏡として、『労働と暦日』は、これとは比較にならない確かさをもつ。

詩は兄弟のペルセスに語りかける形でうたわれる。勤労のすすめにはじまり、隣人・友人とのつき合い方、妻の迎え方、さらには酒の飲み方にまでおよぶ、細をうがった処世訓の数々。男の子は月の十日に生まれるのがよい、といった式の、日々の吉凶を教える俗信的な部分もある。

しかし、中心をなすのは、なんといっても、農耕の実際に即した教えである。いつごろ種を播《ま》き、いつごろ刈り入れをしたらよいか。木を伐り出す時期はいつか。葡萄《ぶどう》の樹の剪定《せんてい》、下草の除草、そして房摘みには、それぞれいつごろが適当か。こういった農事暦的な記事がやはり多い。耕作や農業経営のやり方を説いた詩句も少なくない。臼《うす》、杵《きね》、あるいは車軸をつくるには、どの長さに木を切ったらよいか。犂《すき》をつくるときの注意は。耕牛は何歳ぐらいのがもっとも適当か。どんな種類の男女を使用人に雇ったらよいか。寒さをしのぐには、どのような衣服や靴や頭巾《ずきん》を身につければよいか。そのような季節における作業や食糧配分についての注意は。そして、祖先伝来の財産を保つには、一人っ子がよい、というような教えもある。これは、男子による分割相続を念頭においての忠告である。

裁く貴族・批判する平民

だが、貴族と平民との社会的関係という観点からすれば、この詩のはじめの部分に見られる詩人の裁判批判が、もっとも興味深い。

ヘシオドスは詩のなかで、自分たち兄弟の家の来歴を語っている。彼らの父はアイオリス地方のキュメ出身で、みずから船を操り、海上交易に従事していたが、食いつめて故郷を捨て、海を渡って本土の、ボイオティアのアスクラという寒村にやってくる。そこで土地を得て、農民としての生活に入るのである（六三一～六四〇行）。

父の死によって兄弟はともに家の財産をつぐ。この場合、均分相続の原則が適用される定めであったが、兄弟のペルセスがより多い取り分をねらって裁判に訴え、裁き手たる貴族たちに賄賂《わいろ》を贈って、どうやらその目的を達したらしい（三七〜三九行）。ヘシオドスの怒りは、くりかえし、この不正な裁判に向けられるのである。

裁判は人々の集まる公共の広場（アゴレー）で行われるのがしきたりだった（二七〜三二行）。さきに見た『イリアス』の「アキレウスの楯」の一場面との符合に注意されたい。ここでも他人の争いを見に広場に集まる人々のことがうたわれている。

裁判の担い手は貴族たちである。ホメロスでゲロンテス（長老たち）と呼ばれているこの人たちは、ヘシオドスによってバシレイス（バシレウスの複数形）と呼ばれ、くりかえし指弾の対象とされる。彼らの日々の生活は、ヘシオドスの視界の外にあるが、この点についても、われわれに立ち入った知識を与えるのは、「アキレウスの楯」である。

貴族たちの姿

それは王の御料地での麦の刈り入れの情景である。麦を刈る者、束《たば》ねる者、何人かの男たちがせわしげに立ち働いている。そのかたわらに、杖《つえ》をもって楽しげにたたずむのが王である（『イリアス』一八巻五五〇〜五五七行）。

みずから汗することはなくとも、収穫の場に立ち会い、豊穣《ほうじょう》に笑《え》みを浮かべるのは、線文字B文書からうかがわれる、なかば専制的な王の像ではない。それはミケーネ時代の王に投影された、詩人と同時代の貴族たちの姿ではなかったか。少なくとも、聴衆は日常見聞する彼らの挙措を脳裡に浮かべながら、この個所に聴き入ったにちがいない。

彼らは一般の農民にくらべると、はるかに大きな土地を所有し、比較的多数の奴隷を使い自由人の日傭《ひよう》取りを雇って、穀物や果樹の栽培を行った。これが彼らの主な経済的よりどころであった。大小の家畜の所有においても、彼らは卓越した存在だったであろう。

しかし、一般の農民に対する彼らの経済的優越は、必ずしも絶対的なものではなかったと思われる。数字をあげて説明することは難しいけれども、ポリスの領域がそもそも狭かったうえに、平均した力をもつかなり多数の中小貴族が分立するというのが、まず普通の状態だった。彼らの一人一人がずぬけた規模の土地経営を行うことができたとは、どうしても考えられない。

貴族と農民

他方、農民はといえば、規模こそはるかに劣るけれども、彼らとて貴族と基本的には同じ独立の農業経営者だった。彼らはみずからの土地をもつ。貴族に対して小作人のような地位にいるわけではなく、自前《じまえ》の土地所有者として対等の関係にある。農民は貴族と違って、みずから汗して働くが、そのかたわらには複数の奴隷が見られるのが普通である（『労働と暦日』四五九、五七三、七六六行）。必要ならば、自由人の働き手や日雇い女を雇う（六〇二～六〇三行）。耕牛も二頭飼うのがよいとされる（四三六～四三七行）。ほかに、陶工《すえつくり》もいれば、大工もいる。吟唱詩人も身分的には民衆の仲間である（二五～二六行）。

しかし、平民層の大部分を占めるのは、なんといっても農民たちである。それが貴族と同じ経済的な基盤に立っている。これは、考えてみれば、なかなか大事な事柄である。土地をもたず、かといって手の技《わざ》を身につけているのでもない最下層の自由人をのぞけば、平民が貴族に経済的に隷属すべき謂《いわ》れはまったくないのである。そのうえ、賦役《ふえき》はおろか一定の貢納を課する力も、貴族たちにはない。

貴族はみずからの出自《しゅつじ》を誇り、彼らの間の結束によって、政治や裁判を独占し、国政を恣《ほしいまま》にすることができた。しかし、それに対して、平民はけっして黙って従っていたのではない。力はおよばぬながらも、彼らは貴族たちに鋭い批判の矢を放つ。ヘシオドスがみずから体験した司法上の不正に執拗《しつよう》な反撃を加えているのは、その一例である。

このような背景には、ギリシアの貴族と農民とが、領主と隷属民といった関係にはなかったという事実が横たわっている、と見てよい。

「テルシテス叱責」

『万葉集』の東歌《あずまうた》は、古代日本の東国の農民が、みずからの生活と心情を謳《うた》ったものとして貴重である。しかしそのなかに、たとえば防人《さきもり》として西国におもむく夫の、あるいはこれを送る妻の人間的心情がこめられることはあっても、別離をしいる国家に対しての直截的な批判はどこにも聞かれない。これを『イリアス』の有名なテルシテス叱責の場面と比較してみるがよい。

それは、九年間の永い攻城に倦《う》んだ兵士たち全員を召集したアガメムノンが、試みに帰国を提議する軍会での出来事である。平素から口数が多く王たちにも食ってかかる嫌われ者のテルシテスが、ここぞと立ちあがってアガメムノンを非難し、兵士たちにもこの総大将を置き去りにして帰国するよう呼びかける。するとこのテルシテスをオデュッセウスがきびしく叱りつけ、杖で打ちすえる。打ちすえられたテルシテスの滑稽《こっけい》な姿を写すホメロスの筆がまた絶妙である。彼は皆の笑い物となりおわるのである（『イリアス』二巻二一一〜二七七行）。

王や英雄の世界を描くホメロスの詩篇のなかで、テルシテスは個性をもって登場する唯一の平民である。彼の軍会での発言は、オデュッセウスによって封ぜられ、同じ平民出身の兵士たちからさえも嘲笑される。しかし注目すべきは、結果がこのようなものにおわろうとも、テルシテスが全員の集会で、総大将を堂々とやりこめている事実そのものである。帰国の決定という重要事は、王たちの間での相談にとどめず、全員の集会にはかるという慣例、そこにも民衆の地位を想像する鍵を見いだすことができる。

これは明らかにミケーネ時代の王と民衆との関係ではない。ポリス成立当初の、貴族と平民との関係の投影をそこに見るべきであろう。

ポリス民主政への萌芽

ギリシアの貴族と平民との社会的関係は、オリエント的なデスポティズム（専制君主政）の世界におけるそれと、はなはだしく違う。貴族と平民との力の優劣はあくまで相対的なものにすぎない。平民からみて、貴族は雲の上の絶対的な専制者ではない。と同時に貴族からみても、平民は意思の表出と実現の手段をもたない盲従の徒ではない。平民の地位の相対的な高さは、貴族の支配力の相対的な弱さと明らかに照応する。

ポリス成立期における貴族支配の根源はどこに求められるだろうか。これはきわめて難しい問題である。前提として、ミケーネ時代に遡る、在地の有力者としての伝統的な支配力があったことは否めないであろう。しかし直接の契機をなしたものは、暗黒時代における社会的不安であったと考えられる。

王国分立の世界が崩壊したあとで、民衆にとって頼れるのは、かつてのバシレウスたちの力だけである。変動期の小集団のリーダーとしての地位にこそ貴族支配の端緒がある、といってよい。個々の小集団では内外の情勢に対応できなくなった時点で、バシレウスたちが翼下の集団とともに合同し、ポリスが成立する。彼らは一つの身分としての貴族層を形成し、一体となって政治・軍事・司法の運営にあたるのである。

このような過程のなかで、民衆は主導権こそ握らなかったけれども、共同体の一員としての自立性は確保している。王の支配が消滅した今となっては、その力は、ミケーネ時代より向上したとみてよい。貴族と平民とは本来、一つの共同体の仲間なのである。秩序の安定とともに、貴族への平民の依存度も、わずかながら低下していったであろう。これには平民の経済的な力の向上も並行したことと思われる。

貴族支配を核とする成立期のポリスには、すでに、のちのポリス民主政への萌芽が内在していた、というべきであろう。

第三章　民主政への歩み

1　ギリシア世界の拡大

地中海交易

農民としての数々の心得を説くヘシオドスの詩篇のなかで、一つとりたてて目をひくのが航海に関する訓《おし》えである。航海に適当な時期、陸に船を曳《ひ》き上げたときの処置、それに船荷を積むときの注意について、詩人は謳《うた》う（『労働と暦日』六一八〜六九四行）。また、暦の部では、造船や船出の準備をするための吉日が挙げられる（八〇七〜八〇九行、八一四〜八一八行）。

ヘシオドスにおける、このような農業と航海との結びつきは、われわれの目に、いかにも奇異に映る。しかし、ここには地中海世界の特色の一つが集約的に表現されているともいえるのである。

冬期、南風によって船出が危険になる時節をのぞけば、地中海は、周辺の住民にとってまことに格好の交通路であった。太古から、この路《みち》を利用して人々の移動があり、また物資の交換があった。一つの地域にとって、みずからに欠けるものを輸入し、ひきかえに特産品を輸出することは、地中海周辺で日々の生活や文化を維持していくための必要条件だった。

各種の金属、羊毛製品、穀物、ぶどう酒、オリーブ油、陶器、そういったものが地中海を往来した。古代世界のなかでは異例の密度をもって行われた、この種の海上交易が、この地方における国家の形成や維持に少なからぬ関係をもっていることも、すでに見てきたとおりである。

ヘシオドスと同時代の農民にとっても、海上交易はたしかに重要な経営の手段であった。ぶどう酒やオリーブ油といった農産物の余剰が船荷の主な部分を占めたであろう。小規模ながら、彼らは自分の船をもち、これを操って海に乗り出す。

しかし、自分の所有地からあがる生産物の余剰だけでは、むろん船を充たすに足りない。そこで、船主たちは他の農民からも、わずかずつ余剰の農産物を集めただろう。余裕の多い貴族に船荷を依存することも多かったにちがいない。ヘシオドスの視野の外にあるけれども、貴族も積極的に交易に参加したと推測される。船の所有においても衆にすぐれる彼らは、これに自分の船荷と乗り手をのせて、船出させたであろう。

こうして、海上交易からの収益が、土地や家畜の所有とともに、貴族支配の経済的な支えとなったことは、容易に想像される。暗黒時代末期のギリシアで王権が衰え、貴族政ポリスが普遍的となった理由として、貴族たちによる王の貿易独占の打破を考える学者もいる。

地中海がギリシア人の活動の仲立《なかだ》ちとして占める位置は、たとえようもなく大きい。このことを如実に示すのが、前七五〇年ごろから前五五〇年ごろにかけて行われたギリシア植民にほかならない。

ギリシア植民

ギリシア本土、エーゲ海の島々、小アジア西岸の諸ポリスを起点に、二百年の永きにわたって行われたこの植民活動により、ギリシア人の世界は地中海ならびに黒海の周辺一帯に拡大した。それはすべて海上を通じての動きであり、また、このようにして確立されたギリシア世界は海路によって緊密に結びつけられていた。

このような大規模な植民活動が、なぜ前八世紀の半ばに始まったのか。これはギリシア植民の原因論という大きな問題につながる。

これについて、従来、学者の間で活発な論議が交されてきたが、おおざっぱにいえば、秩序の安定によって人口がふえ、各ポリスの領域内に、それを養いうるだけの耕地が見いだせなくなったことに、いちばん大きな理由がある、と考えてよいであろう。

むろん、商業上の関心にもとづいて植民が行われる場合もあった。南イタリア西岸のキュメ（クマエ）は、エウボイアの有力市カルキスによって建設されたもっとも初期のギリシア

タナイス
オルビア
テュラス
ファナゴリア
テオドシア
ケルソネソス
イストロス
トミ
カラティス
ピテュウス
ディオスクリアス
黒 海
ファシス
オデッソス
メセンブリア
シノペ
アポロニア
キュトロス
セサモス
トラペズス
コテュオラ
ヘラクレイア
ビュザンティオン
カルケドン
アブデラ
アイノス
オリュントス
キュジコス
セストス
ランプサコス
トロネ
アビュドス
メンデ
アッソス
レスボス
リュディア
カルキス
フォカイア
エレトリア
メガラ
アテネ
コリント
ミレトス
アスペンドス
シデ
テラ
ロドス
クレタ
海
キプロス
シドン
ティロス
ダマスクス
エルサレム
ナウクラティス
エジプト
0
400km

リグリア
アガテ
ニカイア
マッシリア
アンティポリス
オルビア
エンポリアイ
コルシカ
アラリア
ローマ
イタリア
サルディニア
キュメ
ネアポリス
ピテクサイ
タラス
ポセイドニア
ヘラクレイア
エレア
シュバリス
エピダムノス
アポロニア
ポテイダ
コルキュラ
アンブラキア
クロトン
リパラ
ヒッポニオン
シチリア
ザンクレ
カウロニア
ロクロイ
レウカス
セリヌス
ヒメラ
レギオン
アクラガス
ゲラ
カルタゴ
メガラ・ヒュブライア
カマリナ
シラクサ
スパルタ
マルタ
地
中
アポロニア
タウケイラ
キュレネ
バルケ
エウヘスペリデス
イオニア系植民市
アイオリス系植民市
アカイア系植民市
ドーリア系植民市(コリントとメガラを除く)
コリント植民市
メガラ植民市
母市の名

植民市分布図

植民市であるが、ここは対岸のピテクサイ（イスキアア）の島に鉄鉱石を産し、また、金属資源に恵まれたエトルリアとの接触に便利な地理的位置のゆえに選ばれたとする意見が有力である。

同じ南イタリアの有力な植民市タラス（タレントゥム）は、スパルタの建設にかかる。この時代、アテネとスパルタは海外への植民に積極的な関心を示しておらず、タラスはその意味で珍しい存在といえようが、伝承によれば、出生の点で劣格とされた一部市民の不満をそらすための植民であったらしい。そのほか、貴族間の党争の解決手段として、不平分子を送り出した例もある。

植民とデルフィの神託

植民は、交易関係などを通して、すでにギリシア人にある程度知られている土地に対してなされる例が多い。むろん無主の地ではない。比較的少数の一団が先住民を威圧しつつ、町を建設するのである。植民市がすべて沿岸に点在し、内陸に入りこむことのなかったのも、このことと関係する。

それにしても、どこに居を定めるかは、植民者にとって死活の重大事である。背後に肥沃《ひよく》の地をひかえ、良港に恵まれ、そのうえ防衛上安全であることが理想である。漠然とした知識はあっても、海の彼方のことゆえ正確な選択は期しがたい。どこに植民者を送ったらよい

シラクサ　コリントを母市として前734年に建設された。写真の劇場は前５世紀に着工された，天然の岩を刻んだ大規模なもの

か。人々はその決定を神託に仰いだ。中部ギリシアのデルフィにあるアポロン神殿は、植民活動の進展とともに急速にその権威を高める。植民にさいし、各ポリスはここに使者を送って、どこに植民すべきかを問うのを慣わしとした。全ギリシア的な尊崇の的として各地から人の集まるこの神殿は、一種の情報センターの役を果たしえたのであろう。

この時代に植民市として成立し、のちのギリシア史やローマ史に大きな役割を演じたポリスも少なくない。シチリアのシラクサ、黒海への入口を扼《やく》するビュザンティオン（コンスタンティノポリス、のちのイスタンブル）、ギリシア本土西北部対岸の島コルキュラ（コルフ）、さきにふれたタラスなどがそうである。

前六三〇年ごろ、エーゲ海南部のドーリア系の島テラから植民の行われた北アフリカ、リビアのキュレネも、豊かな穀倉地帯を背後にひかえて経済的に栄える一方、哲学・文学・自然科学の諸分野ですぐれた人材が輩出しているが、ここは、植民の事情がヘロドトスの伝えと碑文史料との双方によって詳しく知られる点できわめて貴重である。

ギリシア世界の拡大

これら植民市と母市との関係はおおむね友好的であった。人の往来や交易、それに母市の祭に植民市からも参加するというように、宗教的な関係もとり結ばれたことであろう。しかし、ギリシア植民市の性格を考えるうえで見落してならないことは、それが母市の出先の町というのではなくて、たとい小さくとも、初めから独立のポリスとして建設された、という点である。ローマ市民権をもったままで植民市をつくっていったローマ人の場合と、そこが非常にちがうのである。ポリスという小国家の自立性を重んずるギリシア人の考え方は、前四世紀までのギリシア史をつらぬく大事な経糸《たていと》であるが、植民活動にさいしても、それが顕著に現れている事実に、ひとまず注目しておこう。

植民の結果、エーゲ海周辺から地中海および黒海周辺全域へと、ギリシア世界は一挙に拡大した。エジプトやシリアのような、ギリシアより先進の地域にポリスを建設することはできなかったが、小アジアのギリシア人たちは、ナイル河口のデルタ地域にナウクラティスという居留地をつくり、ここを根城としてエジプトとの接触をも一段と深めた。

エーゲ海周辺の地域と新しく植民された遠隔の地方との交流、植民市同士の交流もしだいに活発となる。かけはなれた地域間の交流は視界の拡大を生み、それはまた、知的な刺激の源となる。前六世紀、ギリシア自然哲学が、イオニアと南イタリアで、まず開花したのも、このような事実と関係があろう。

植民活動が交易の拡大と深化とをもたらしたことは、改めて説くまでもない。ここでは、以後のギリシア史の展開にとって大きな意味をもつ事柄を二つだけ指摘しておこう。

交易の拡大とゆらぐ貴族支配

一つは黒海沿岸、エジプト、シチリアという三大穀倉地帯が、この時代にギリシア人の交易圏にしっかりと組みこまれるにいたったことである。むろん細かく見れば地域差があるにしても、一体にギリシアは小麦の栽培に適さず、その人口を養うに十分な産出量に欠けていた。人口がふえ、また小麦の主食としての地位が定まる盛期になればなるほど、この傾向は決定的となってゆく。それにつれて、オリーブ油、ぶどう酒、陶器などを輸出し、穀物を輸入する、これがギリシアの商業の基本的なパターンを形づくるようになる。

盛期のアテネに、われわれはその代表的な事例を見ることができる。三つの穀倉地帯との交易路、ことに黒海方面とのそれが、アテネにとって死活の意味をもつようになるのである。ウクライナ地方の豊かな穀物生産地の前面、黒海沿岸やそれへの通路一帯が、前七世紀以降、イオニアのミレトスを筆頭とするギリシア諸市の旺盛な植民活動によってギリシア化された意味は、この事実一つとってみても、明らかであるといわねばならない。

植民活動の結果としての交易の発展はまた、ギリシア諸市内部の社会の在り方にも徐々に影響を及ぼしていく。この過程を確実な史料を基に追跡することはできないが、おおよその推測は可能である。海上交易の発展が、それに積極的に参与する一部の貴族たちに利をもたらしたのは事実であろう。しかし、この時代、社会的に力を伸ばしてきたのは、当然のことながら、海上交易商人たちであった。ヘロドトスは、前七世紀の後半、遠隔地交易によって巨富を積んだギリシア商人の名を二例伝える。

交易の進展はまた、製陶・金属加工といった一部の手工業に刺激を与え、手工業者のなかにも富を積む人々が出現したであろう。これら平民層の一部に推定される経済的蓄積は、彼らの政治的発言への志向をつよめたであろう。植民活動は貴族支配のもとにある初期のポリス社会に生じた矛盾を発条《ばね》とし、それを解消する役割を期待される一面をもちながらも、結果的には貴族支配の動揺をうながす方向に作用した、といえるかもしれない。

2 重装歩兵制の成立

武具の変革

貴族支配の動揺には、しかしながら軍制上の変化がからんでいる。ポリスは、前章で推測したような成立の過程から見てもわかるように、もともと成員の共同防衛のための組織としての性格がつよかった。成員はすべて戦士であるのが建て前だった。初期のポリスにおいては、リーダーである貴族たちが軍事の面でも主導権を握り、戦闘体制の主要な担い手であるという事実が、ポリス内部での彼らの地位を支えていた。ところが前七世紀になると、ギリシア各地で、このような関係に変化が生じてくる。

そのきっかけをなしたのは武具の変革である。近年の研究によれば、前八世紀後半、ギリシアの歴史がまさに本格的な展開をとげようとしていたころ、軍制のうえでも重大な転機がおとずれていたようである。

ホメロスの詩や壺絵から推測すると、そのころまでの戦闘の花形は軽装の貴族戦士の一騎打ちであったらしい。革製の兜《かぶと》・胸甲・楯といった防具を身につけ、長剣と二本の投槍をふるって英雄同士が雌雄《しゆう》を決する。むろん一般の兵士たちの集団戦も行われたろうが、このような一騎打ちこそ戦《いくさ》のきめ手だった。そして、ここで表される英雄たちの勲功が、彼らの民衆支配維持の一つの条件ともなった。

この王や貴族たちの武具に変化が見られるようになるのである。

ブロンズ製の重い兜・胸甲・脛当《すねあ》て、鉄製の長くて太い突槍《つきやり》、そして、なによりも特徴的なのは、ブロンズ張りの直径一メートルもある大型の丸楯の出現である。これらの武具の起

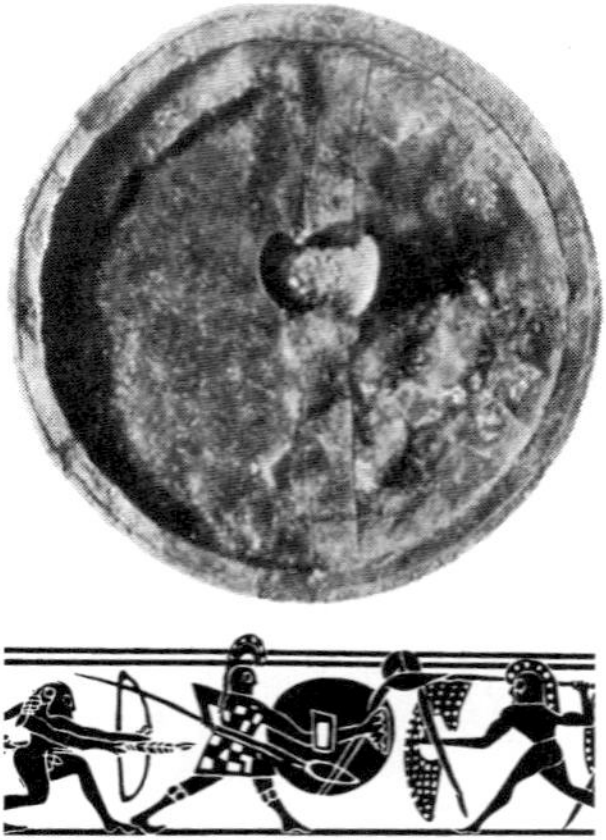

(上)ホプロン(円形の楯)の裏側　直径96センチ。前7世紀末〜前6世紀初頭。(下)ホプロンを用いて戦う戦士　前7世紀初めの原コリント式壺絵

源はさまざまである。ブロンズ製の胸甲や脛当ては、ミケーネ時代に用いられていたものの復活であるといわれる。兜や楯はアッシリアなど、東方で使われていたものに、この時代のギリシア人が独自の工夫を加えたものらしい。兜は目と鼻をのぞいて顔全体をすっぽり覆《おお》う、いわゆるコリント式に改良したものだし、楯にも、中央に腕輪をつけ、ここに左腕をとおして右端の取っ手を握るという独特の考案を施した。

重装歩兵戦術

武具の変遷がそれだけにとどまれば、歴史の大筋とかかわりのない軍事史上の一事件にすぎない。しかし上述の変化は新しい戦術の成立に結びつき、それはまた、ポリス社会の発展に少なからぬ影響を与えることとなるのである。この重要な軍制上の変革が重装歩兵戦術の成立にほかならない。

新たに考案・工夫された大型の楯をびっしり並べ、鎧《よろい》・兜に身を固めた重装兵たちが、横長の堅固な隊列を組んで敵軍に肉迫する。攻撃の主たる武器は長大な突槍である。この戦法は永い年月をかけてさらに磨きをかけられる。ことに、兜や胸甲を革や麻を利用した軽快なものとすることによって機動性を加え、威力を倍増させた。その成果が史上に名高いマラトンの戦いやプラタイアイの戦いでのギリシア軍の勝利である。

重装歩兵による密集隊形戦術は、アーケイック期から古典期にかけて、ギリシアの主要な戦法となったばかりではない。エトルリアを介してローマにも伝わり、古典古代を代表する戦闘方法としての位置を占めるにいたるのである。

それでは、このようにすこぶる大きな意味をもつ重装歩兵戦術が成立したのはいつか。

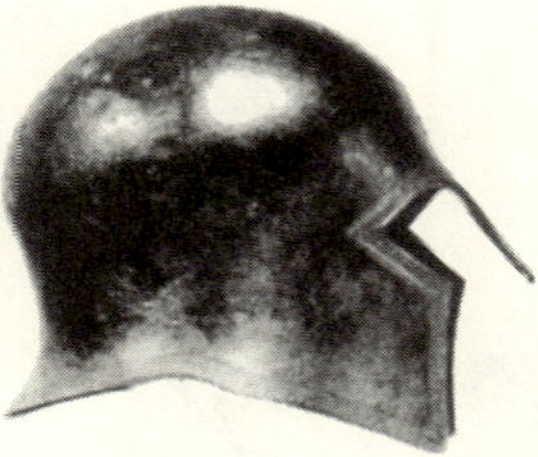

コリント式の兜　重装歩兵の時代の代表的な兜の形

青銅製の兜と胸甲（前700年ごろ，アルゴス出土）

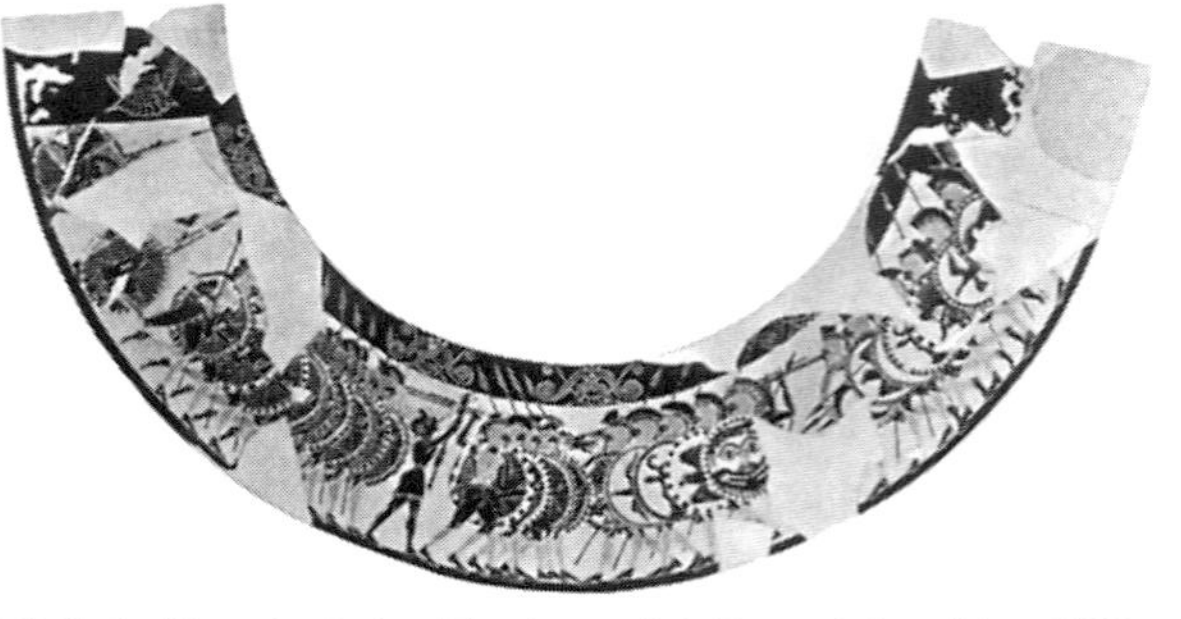

密集隊形（前640年ごろ）　原コリント式壺絵で，中央の少年は戦闘を鼓舞する笛吹き

個々の武具の採用が前八世紀にまで遡ることについては、最近の研究はほぼ一致を見ている。しかし武具の採用をただちに重装歩兵戦術の成立につながると見るか否かで、専門家の間に厳しい意見の対立がある。

密集戦闘隊形はいつ成立したか

武具の採用と戦術としての成立とを同時と考える基礎には、楯の構造に関する独特の理解の仕方が横たわっている。

ホプロンと呼ばれる新型の楯を構えると、左肘《ひじ》を曲げ、腕輪を通して右端の取っ手を握る形になるため、楯が身体近くに固定され、敵の攻撃に対して右半身、頭部、脚部が無防備に近い状態になる。ブロンズ製の防具で身を固め、さらに密集隊形（ファランクス）を組むのは必然の成り行きだ、というのである。すなわち、重装歩兵の武具は楯を中心に一括して採用され、それが同時に密集隊形を生むことになったのだとするのが、この種の見解の要点である。

これに対して、重装歩兵の武具は前八世紀後半からそれぞれ別個に採用されはじめ、それらが完備したのが前七世紀前半、密集隊形が成立するのはさらにおくれて前七世紀後半になる、とする反論が提出されている。これは結果的に、重装歩兵戦術の成立を前七世紀後半から前六世紀初頭に置いた第二次世界大戦以前の定説に近いが、戦術の成立年代を引き上げる第二次大戦後の有力説を、近年の考古学的研究の進展を背景に、厳密に吟味かつ批判したものので、問題の楯についても、それが必ずしも固定化と右半身の無防備化をもたらすものでないことを指摘する。

重装歩兵戦術の成立を前八世紀後半ないし前七世紀前半に置く近年の有力説も、考古学的史料と古典史料の精査にもとづき、かつ論理の切れ味の鋭さのゆえに捨てがたい魅力をもつ。上述の批判を部分的にとり入れ、成立初期にはさまざまな矛盾や未完成な点が含まれていたはずだとして、重装歩兵戦術を発展的にとらえることで、この説になお基本的な妥当性を認めようとする試みもなされている。

しかし、この説の要をなす、ホプロンの採用が必然的に密集隊形を生むという主張は、常識的にみて、やはり無理を含むように思われる。ホプロンは、はじめ貴族の一騎打ち用の防具として、従来の小型の楯に代わって登場したのではないか。それは一見してはるかに威圧的だし、楯の場合、大型化はただちに防備の増強につながる。防具としては、腕を折り曲げての構え方と重さとからくる機動性の減殺を補って余りあるはずである。右半身の危険も、斜めに構えるのが普通である以上、ほとんど問題にならない。手で支えて構える防具であれば、右側および上下への瞬間的な移動も自在であって然《しか》るべきである。ブロンズの兜・脛当ての着用も威圧感と防備力を一段と増しただろう。密集隊形は、楯の左半分に余裕のあることに気づいてからの考案なのではなかろうか。

新戦術を成立させた社会的条件

重装歩兵密集隊形の成立は、ギリシア軍制史上の画期的な出来事である。視覚的にも、また実際の戦闘力でも、それは圧倒的な迫力を示したにちがいない。しかし、ホプロンの考案・改良がこのような結果を予想してのものであったとは考えられない。ファランクスの成立には、それに特有の武具がそろうほかに、いくつかの条件が必要である。

ギリシア軍制史を貫く原則の一つに、武具の自弁ということがある。戦士はだれのためにでもない、みずからと、みずからがその一員であるポリスのために出陣する。武具は自費で購入し、常時、出陣に備えておく。これが彼らの建て前であり、そこにまたポリスの特色がある。

この見地からすると、重装歩兵の武具を完全に身に着けて出陣する人々は、はじめはかなり限られていたはずである。当初、それはきわめて高価なものだったに違いないからである。この種の武具が貴族の一騎打ち用として登場したと推測した理由の一つもここにある。ファランクスを組むには、初期の小規模のものでも、ある程度の人数を必要とする。それには貴族身分に属さない富裕者層の参加が不可欠だったと思われる。この層が成長し、重装歩兵として出陣できるようになるには、少なくとも前七世紀をまたねばならなかったろう。

そのうえ、密集隊形が、たとい未完成なものにせよ、戦術の基本として成立するには、武具の採用がはじまったのちも、相当程度の試験期間が必要だったはずだ。重装備を施した多数の戦士が一糸乱れぬ行動をとり、かつ、この隊形にふさわしい戦法を身につけるには、長期の実地訓練を要したと考えられるからである。

重装歩兵戦術と民主政

重装歩兵戦術の成立の時期については、このように、きわめて難しい問題がある。しかし、それに対してどのような態度をとるにせよ、現在の研究状況のなかで、つぎの二点は共通の理解のもとにあるとみなしてよいのではなかろうか。

重装歩兵の武具がギリシアに現れる時期は、前八世紀後半にまで遡らせることができる。ファランクスの成立時期をどこに置くかに見解の分かれが生ずることはあっても、この点についてはもはや異論の出る余地はなかろうと思われる。もう一つの論点は、重装歩兵戦術の社会史的意義にかかわる。そしてこれには上記の第一点が少なからぬ関係をもっているのである。

第二次大戦前の旧説では、重装歩兵軍制の歴史的意義をつぎのように説いた。中小農民を主体とする重装歩兵軍がそれまで軍制上の中心をなしていた貴族の騎兵隊にとって代わったことにより、ポリスの貴族支配の基礎が失われ、重装歩兵民主政への道がひらかれた、と。

しかし現在では、武具の採用時期は貴族政初期にまで遡るとされている。ファランクスの形成も貴族政期のさなかに行われたこと、これにも異論がない。重装歩兵軍は、少なくとも当初は、けっして平民による軍隊ではなかった。それは貴族の主導のもとに形成され、戦い、そして発展していった。

もっとも、そうだからといって、このような見方がポリス民主政の成立に果たした重装歩兵軍制の役割を否定するというわけではない。重装歩兵として編入された平民の位置が、軍隊のなかでしだいに向上していく。そこに民主政への移行の一つの芽を見ようとするのである。それはどういう過程をたどったのだろうか。

貴族中心の初期重装歩兵

成立期の重装歩兵軍は、貴族を中心に、上層の一部平民をも加えて編制されていたと推測される。隊形の長大化にともない、平民の数はしだいに増していったであろう。貴族と平民とが同じ隊列を組み、生死をともにする。身分を異にしながらも、究極のところ同じ経済的基盤に立ち、単純な支配・被支配の関係にはないギリシアの貴族と平民にして、はじめて可能な戦闘隊形である。

とはいっても、初期の重装歩兵軍における貴族の優位は確固《かっこ》として動かない。そして、この優位は、やはり戦いにおいて示される貴族たちの力に負うているのである。そのよりどころは馬にあった。

馬といっても、ホメロスの英雄が御者といっしょに駆《か》る二頭立ての戦車は、この時代にはすたれている。このころ代わって登場したのが騎馬である。もっとも鐙《あぶみ》がまだ発明されていなかったから、自由に乗りこなし、馬上から敵を攻撃することは不可能だった。馬に乗って戦場におもむき、そこで従者に手綱《たづな》をあずけて重装歩兵として戦う。これが当時の貴族戦士の姿である。

この点は、戦車を駆るホメロスの英雄と変わらない。ちがうところは、彼らがもはや一騎打ちを行わ

騎馬と徒歩の重装歩兵（前575～前550年ごろのアテネの壺絵）

ず、戦士仲間と隊列を組んで戦うことである。

戦場への往来に馬を使う。これだけで戦力にかなりの差が出たはずである。騎乗によって体力の消耗度がずっと低くなる。平民の重装歩兵に従者がつかず、重い武具一式をみずから戦場まで携えていかねばならなかったとすれば、この差はさらに大きくなろう。馬を駆っていちはやく戦場に着き、きわだった働きをすることもできた。

平時にはみずから農耕にしたがった平民出身の重装歩兵とちがい、余暇に恵まれ、政治と軍事に専念できた貴族たちは、それでなくとも戦場ですぐれた働きをなしえたはずである。彼ら自身も英雄の末裔《まつえい》としての家柄を誇り、戦士として並々ならぬ自負を抱いていたであろう。騎乗自体、実戦上の効果もさることながら、身分上のシンボルとしての意味も、もっていたにちがいない。

平民層戦士の比重の増大

このような貴族の立場は、彼らにとってマイナスの方向にも作用する。戦場での主導権を掌握することは、この時代、より大きな危険に身をさらすことでもあった。ファランクスを組んで戦う場合、中心をなすのは右翼部隊と各隊列の最前列および最後列である。攻防の要の役を果たすこの位置には、もちろん貴族たちがついた。戦死による貴族層の消耗度は当然高い。

他方、ファランクス同士のぶつかり合いは、隊列の長大化をうながす。重装歩兵戦術の進展は、同時にファランクス構成員の増大を意味する。この種の軍事要員をひきつづき供給しうるのは貴族でなく、当時ようやく力をつけてきた平民たちであった。手工業の進展によって武器の価格が低落し、入手が容易になったことも、この傾向を助けた。中小農民に商人・手工業者をも加えた平民たちがやがて重装歩兵軍隊の主軸をなすようになる。

ファランクスの成立と、そのなかでの平民層の比重の増大の時期は、ポリスによりさまざまだったであろう。しかし、スパルタ、アテネ、コリント、アルゴスといった先進地域では、前七世紀後半から前六世紀の初頭を一応の転機と推測してよいのではないか。

このころから、平民の政治的・社会的要求に発するポリス内部の動揺が各地で見られるようになる。その背景には、これまで見てきたような軍制上の変革と、その結果としての平民戦士の比重増大という事実がひそんでいるのである。

重装歩兵軍制は、平民上層の経済的な力の向上を前提としながらも、当初はあくまで貴族の主導のもとに成立したものであった。しかしそれは平民層への依存を不可避とするという形で、貴族政を、徐々にではあるが変質させていく要因をはじめから内に秘めていた、といえるであろう。

3　スパルタの国制

ドーリア人の侵入と定着

少数の有力者による国政から多数市民の政治参加への移行。前七世紀から前六世紀にかけてギリシア各地に展開される歴史の推移をひとことで表せば、そのようなことになろう。もちろん具体的様相はポリスごとにまちまちである。ここでは、スパルタとアテネという盛期のギリシアを代表する二つのポリスをとりあげて、その経緯を跡づけてみよう。

スパルタはペロポネソス半島東南部のラコニアの地に成立したポリスである。ミケーネ時代、ここにも一つの王国があった。トロヤ戦争のきっかけを与えたとホメロスに謳《うた》われる美女ヘレネは、スパルタ王メネラオスの妃であった。前一二〇〇年ごろギリシア各地を席捲《せっけん》した侵入者たちは、この王国をも滅ぼす。しかし考古学上の知見によれば、ドーリア人がこの地に定住したのは前一〇〇〇年ごろかららしい。この二百年の空白をどのように解釈すべきか。王国滅亡とドーリア人の侵入とが、この時期のラコニアにどのような様相をもたらしたと考えられるか。そのおおよそについては第二章で述べたことが妥当しよう。

ラコニアに侵入したドーリア人の数は、先住ギリシア人にくらべ、著しく少なかったと推定されている。彼らはエウロタス河中流スパルタの地を中心に、多数の集落をなして住みつき、他方、先住民たちも従来の集落によりつつ、侵入者たちと共存ないし拮抗《きっこう》したものとみられる。

以上のような定住状態は、スパルタに四つの集落を営む一群のドーリア人たちが徐々に周辺の地域を支配下に収めることによって破られていく。その画期をなすのが四集落のすぐ南に位置する先住民の最大の拠点アミュクライの攻略である。スパルタ人はこの町を併合し、第五の集落としての地位を与える。それは前七五〇年ごろのことといわれる。

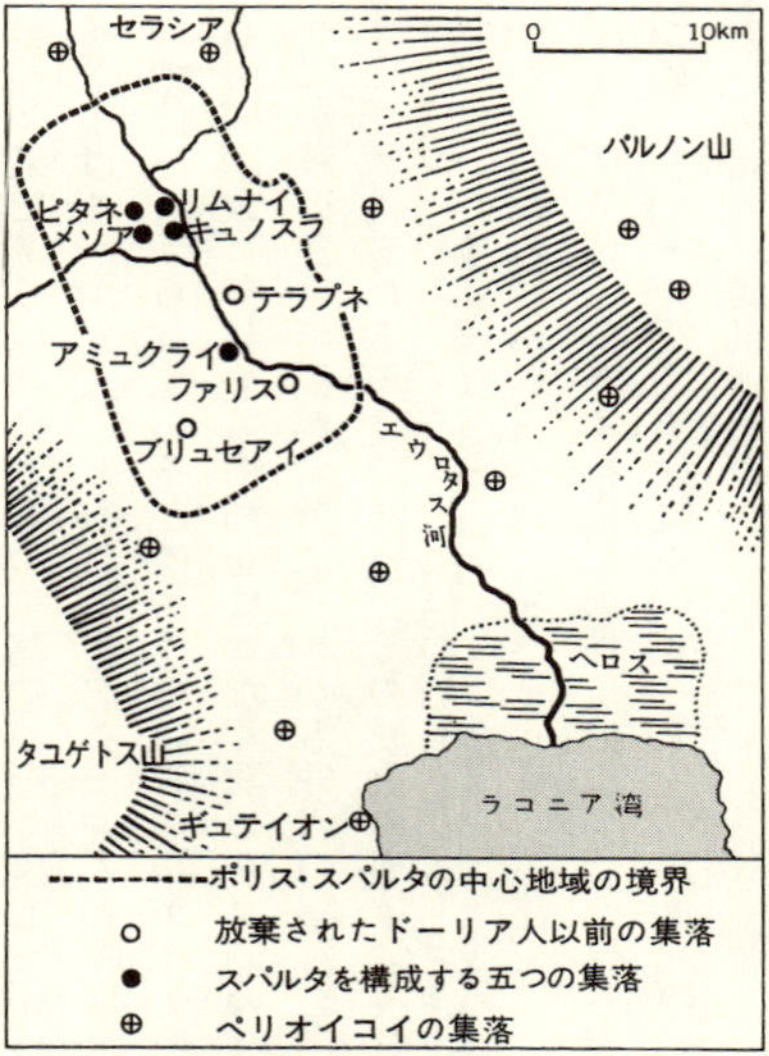

ポリス成立期のスパルタ集落図（前８世紀半ば）

ポリス・スパルタの成立

ラコニアの征服がこれで完了したわけではないにせよ、このころまでには、スパルタのポリスとしての骨格は、ほぼできあがっていたと考えられる。スパルタ人は彼ら以外のドーリア人と一部先住民とをペリオイコイ（「周辺の民」）として、ゆるい従属のもとにおいた。彼らは土地所有者であり、自分たちの集落について自治を認められていた。のちの史料では、ペリオイコイはスパルタ人とともにラケダイモン人と呼ばれ、対外的に国家の正式の構成員としての地位を与えられているかのようである。しかしその実、彼らは軍事的義務を課せられながらも、国政に参与する権利をまったく認められていない。

この種の劣格市民が大量に、しかも独自の集落を営みつつ領域内に散在するのは、スパルタにだけ見られる現象である。その成立の事情に関しては、さきに述べた推測が大筋において当たっていようが、ペリオイコイの起源については、専門家の間で、実は十九世紀以来、やかましい議論が交されている。そして、先住ギリシア人の一部にその起源を求める説、ドーリア人の一部が劣格市民の地位に立ったと見る説、二つの要素の混合を想定する説の三つのうち、一九三〇年代後半以来、ドーリア人起源説が有力であったが、近年、先住民起源説、混合説の復活がめだつ。

ペリオイコイの起源と彼らのスパルタ国制上の地位とは、一体をなすものとして捉えられなくてはならないであろう。その見地からすれば、国政への参与から終始疎外されていたペリオイコイを侵入ドーリア人の一部と見る近年の有力説には、たしかに再考の余地があるように思われる。

スパルタ人は、ラコニアを平定する過程で、先住民をペリオイコイとして掌握するにとどまらなかった。エウロタス河流域の沃地はこれをみずからの直轄領とすることに努め、そこの先住民を奴隷身分に落して耕作に従事させた。この種の隷農はヘイロータイ（ヘロット）と呼ばれる。

スパルタ人は、彼らの旧所有地をクラーロス（クレーロス、持分地）として分け合い、その耕作を従来どおりヘロットの家族にまかせて、戦士としての生活を営んだ。

前八世紀半ば、ポリスとしての基礎を固めたスパルタを構成していたのは、スパルタ人・ペリオイコイ・ヘロットの三つの身分であった。このうちスパルタ国家の進路決定にあずかる資格をもつのは、くり返すまでもなくスパルタ人だけであった。

国政運営の仕組み

それでは、ポリス成立当初、スパルタはどのような国政運営の仕組みをもっていただろうか。

それを直接に示す史料はなく、ややのちの事情を伝える史料から推理するほかない。それによれば、スパルタには、早くから、アギス家とエウリュポン家という二つの王家が並び立っていたらしい。この二王制という、他に例を見ない珍しい制度の由来については、さまざまな仮説が立てられているが、侵入以後、スパルタ人の間に見られた勢力の対立を和解させるための妥協の産物であることは間違いあるまい。

王は軍事上の指揮権をもち、最高の名門の出身者として市民たちの畏敬を集めたであろうが、国政指導の面では、他の有力者たちの意向に掣肘《せいちゅう》される存在であったと推測される。少数の有力者たちが長老会を構成し、彼らが裁判を司り、また二人の王とともに政治の実権を握っていた。むろん一般のスパルタ市民も、ときおり召集される民会に出席して発言することができた。しかし王や有力者の意見に耳を傾け、必要があれば喝采や怒号でそれにこたえる、というのが実状だったろう。

メッセニアの併合

ラコニア制覇を完成しないままに、スパルタは西隣りのメッセニアと国運をかけての大戦争をはじめている。その年代の確定は困難だが、前七三〇年代半ばから同一〇年代半ばにいたる二十年間が有力視される。

メッセニアは例のピュロスの王国が威をふるっていた地方である。ここにもドーリア人が侵入定着しているが、先住ギリシア人の勢力がなお強固に残っていた。スパルタの西進の意図は、メッセニアの沃野を略取することによって、市民の間に高まりつつあった土地獲得への要求をみたすことにあったと考えられる。この狙《ねら》いは半ば果たされたといってよい。二十年にわたる、双方の死力を傾けての戦いはスパルタ側の勝利に帰し、メッセニア人の多くがヘロットの地位に落され、その土地はスパルタ人の間に分配された。

メッセニア併合が以後のスパルタ史の展開に与えた影響は大きい。ヘロットに農業生産を依存するというスパルタ社会の体制は急速な成長を見せる。しかし反面、スパルタ人はこれ以後、圧倒的多数のヘロットに対峙し、彼らによる反乱の危険に絶えず備えなくてはならない宿題を背負うことになる。それはスパルタ人の日常生活を律し、政治の動向をも規定する大きな要素となった。

前八世紀後半のメッセニア領有は、たしかにスパルタ市民の間の土地問題を緩和するうえに役立ったようである。本章第一節で触れたように、スパルタは、この時期ようやく盛んとなった海外への植民活動に積極的な関心を示していない。それは、すぐ隣りのメッセニアに広大な土地を獲得しえたことによると考えてよかろう。スパルタにとって、メッセニア征服は海外植民に代わる意味をもった、といえるかもしれない。しかし、これによって市民の不満が解消したのではない。前七〇六年と伝えられる例外的なタラスへの植民が、このことを暗《あん》に語っている。

伝承は、前述のとおり、出生の点で劣格視された一部市民の不満を原因として挙げるが、メッセニア戦争後の土地配分にからむ争いに問題の根を想定する学者も多い。

リュクルゴスの改革

前八世紀末に端を発するスパルタ市民団内部の対立は、政治決定の主導権をめぐる争いにまで発展した形跡がある。リュクルゴスという一人物と結びつけて伝えられる「レトラ」

(プルタルコス『リュクルゴス』六章)の存在が、そのことを暗示する。

エウリュポン家の一員として国政の指導を委《ゆだ》ねられたリュクルゴスは、デルフィの神託を受け、それに基づいて同志とともにスパルタ国制の改革に着手する。

プルタルコスはその次第を語り、ついでレトラの内容を記す。改革の基本方針を指示するアポロン神の神託すなわちレトラはまた、スパルタ国家の法としての性格をもつ。

レトラの核心をなすのは、(1)二人の王を含む三十人から成る長老会の設置、(2)長老会による議事の先議と民会への提案、(3)民会による最終決定、を定める三項である。しかし同じくプルタルコスによれば、やがて民会の決定に対し、長老会の拒否権を認める追加条項が設けられたという。

レトラに集約的に表現される、いわゆるリュクルゴスの改革については、専門家の間で実に錯綜した論議がたたかわされている。リュクルゴスは実在の人物であったかどうか、改革の年代をどこに置くか、九千口のクラーロス(持分地)の設定・共同食事・国家による男子の育成といったスパルタ独特の生活様式の創始を国制上の改革と同じ時期のものと見るか、レトラにうかがわれる国制改革の狙《ねら》いはどこにあるか。このような、ごく大筋の問題に関しても、見解の一致は容易に得られない。

年代については、前九世紀後半、前八世紀、前七世紀前半、前七世紀後半の四つの時期が諸家の間で考えられているが、今日では、前七世紀前半説をとる者が、有力なギリシア史家のなかで比較的多い。

レトラからうかがわれる国制改革の最大の眼目は、長老会の構成と権能の法制化にあったとみられる。その志向するところは長老会の権限の縮小である。そのことは、この会議による民会への議案提出権を確認しつつも、同時に、民会の最終決定権を謳っているところから明らかである。スパルタ市民団の総力をあげての戦いがメッセニア征服を成就させたという事実、戦後の土地配分の不平等に対する不満が、一般市民の間に、政策決定にあたっての実質的参加への要求を生じさせたものと推測される。

この要求は、レトラによって一応みたされたもののように見える。しかし制度上、政治運営の要としての長老会の地位は依然としてゆるがない。それだけでない。いったん獲得された民会の最終決定機関としての地位も、追加のレトラによって著しい制約を受けることになる。これは前七世紀の少なくとも半ばごろまで、スパルタ市民団内部に貧富の差と、それに由来する政治的・社会的発言力の格差がなお存在していた事実を反映するものであろう。

このような状況に変化をもたらしたのが、前七世紀の末、二十年近くにわたって戦われた第二次メッセニア戦争である。

第二次メッセニア戦争

圧制をはねのけようとするメッセニア人の必死の反抗も、再度にわたるスパルタ人の総力戦のまえに屈服を余儀なくされる。こうして、メッセニア全域にスパルタの支配が確立され、ヘロット（隷農）体制は完成を見る。

メッセニア反乱の鎮圧は、スパルタ市民団の内部にも大きな波紋を呼ぶ。この危難の乗りきりに貢献した一般市民の発言力は、戦後当然、増大したであろう。とりわけ注目すべきは、前節でみた軍制上の変化が、前七世紀後半のスパルタにようやく現れたと推定される点である。

第一次メッセニア戦争にさいしての父祖の功業をたたえながら、反乱の鎮定に苦闘するスパルタ人を鼓舞するテュルタイオスの詩には、重装歩兵による密集隊形（ファランクス）が、未完成ながらもすでに採用されていたことをうかがわせる字句が見られる。

名門貴族と一般平民との身分差が、他の地域にくらべ、それほどはっきりしていなかったと思われるスパルタでは、ファランクス戦法は急速に発展する社会的背景をもっていたであろう。この戦術がいったん成立すると、隊形を組む重装歩兵たりうる市民の数を常時そろえておく必要が生じる。それが国防の前提条件となるからである。メッセニアを平定しても北方のアルカディアやアルゴスの脅威を払いのけることができなかったスパルタにとって、この種の配慮は国家の存立を左右する問題だった。前六世紀初頭と想定される土地の再分配はこのような背景のもとに行われた。

同じ大きさのクラーロス（持分地）を受けた市民たちは、ホモイオイ（平等者）と呼ばれた。彼らは武具自弁のうえで重装歩兵として出陣する義務を負い、他面、民会に出席して国政に参与する権利を有した。このような思い切った改革を行うことができたのも、メッセニアの完全制圧によって、分配すべき土地を再度大量に手にしえたからに他ならなかった。

スパルタ民主政と鉄の規律

このようにしてスパルタでは、前六世紀前半のうちに経済的平等に支えられたポリス民主政が成立する。圧倒的多数のヘロットやペリオイコイを少数のスパルタ市民が支配するスパルタの国制は、見方によれば寡頭政的だといえるかもしれない。しかし、市民団の内部についてみれば、この時期から前五世紀にかけてのスパルタにおいてほど市民間での平等が実現したところはない、といってよいであろう。

他のポリスにはるかにさきがけて民主政を成就しえた早熟性と、クラーロスの再配分という強行手段によってそのための経済的基礎を人為的に設定した徹底性とにおいて、スパルタは、ポリス民主政成立史のうえで、はなはだ特異な位置を占める。それを可能としたスパルタ内外の諸条件についてはすでにふれたが、特定の条件によって成り立つ性格のものであるだけに、これを維持するために、スパルタ人は独特の工夫をこらさねばならなかった。

そこから、スパルタ的生活様式と呼ばれる、当時のギリシア人の目にもやや奇異に映る慣習が生まれる。

前六世紀以降のスパルタ最大の国是は、軍事と政治の担い手である平等者たちの社会を、できるだけ健全に保つことにあった。鋳貨の使用がギリシア各地にようやく普及しはじめたこの時期に、貴金属貨幣の流通を禁じ、不便至極な鉄の貨幣の利用だけを認めたのも、また、国外との物資や人の交流を厳しく制限するにいたったのも、たんに奢侈《しゃし》をきらうがための措置ではなかったろう。

貨幣の使用によって経済活動が盛んになると、やがては不動産の所有関係にまでこの動きが及んで、平等者たちの生活の基盤にひびが生ずるおそれがある。それは国防の主力である重装歩兵市民の減少に通じる。とりわけ海外との交易は経済の働きを活発にし、社会の流動化をうながすであろう。

上記二つの禁止措置は、このような成り行きを予知しての、スパルタ人なりの知恵であり、対応策であったと考えられる。

貴金属貨幣の流通禁止と鎖国主義

禁止措置の実施は、かなり徹底したものだった。金貨なり銀貨なりを私蔵しているだけでも処罰の対象となった。ラコニアとの境にほど近いアルカディア南部の町テゲアのさる神殿が、スパルタの市民あるいはペリオイコイの一人と思われる人物から貨幣を預り、その返済の仕方を記した碑文を遺している。それは前五世紀の史料ながら、貴金属貨幣私蔵のための抜け道の存在を示すものとして興味深い。

鎖国の方針も厳重に守られたようである。海外からの物や人の流入が途絶する。それは生活様式や工芸の水準に影響を及ぼすだけでない。外部との接触の停止は精神文化の面にも著しい結果をもたらす。

前七世紀には、テュルタイオスとかアルクマンとかいった抒情詩人の活躍が見られるが、前六世紀以降、スパルタの学芸の分野での働きは影をひそめる。ギリシア第一の強国にしては貧弱としかいいようのない遺跡の様子も、その端的な表れと評してよい。文化の発展が外部との接触による知的刺激に負うところ、いかに大きいかを、スパルタの例はよく示している。

しかし、スパルタの鎖国主義を負の面からのみ見るのは正しくない。前六世紀後半から前五世紀にかけてのスパルタが、その社会的安定を基礎に、ギリシア第一の軍事大国の地位を維持しえたのも、この鎖国によるところ、けっして小さくはないからである。

スパルタが数あるポリスのなかで、独《ひと》りこのような鎖国主義を貫き通すことができたのはなぜか。それはまったくメッセニア領有のおかげだった。ラコニアとメッセニアという二つの沃野をかかえ、食糧の自給が可能なスパルタにとって、海外との交易は必須の生存条件ではなかったからである。この意味でも、メッセニアの完全掌握は、スパルタの重装歩兵民主政を支える一つの前提をなしている。

スパルタ的生活様式

メッセニア確保は、スパルタをしてスパルタたらしめるうえに不可欠の条件であった。しかし、それがけっして容易でないことは、メッセニア人の大反乱という苦汁を飲まされたスパルタ人には痛いほどわかっていた。メッセニアだけではない。お膝元のラコニアでも、メッセニア人と同じ立場のヘロットたちが絶えず反抗の機をうかがっている。

これら被抑圧民を軍事的に完全に圧伏すること、スパルタ人の、そしてスパルタ民主政の生きのびる道はこれひとつしかない。スパルタ的生活様式といわれるものの多くが、この目的にそうものであることは明らかである。

個人や家よりも国家が優先する。これがスパルタの市民生活の大きな特徴である。生まれた子供は国家の検査を受け、満足に育たぬと見れば峻険なタユゲトス山中に棄てられた。検査に合格した男児には、厳しい半生が待っている。七歳になれば親もとを離れ、十八歳まで国家の手によって将来の国防の担い手としての訓練が施される。少年たちは個々の家の子供でなく、スパルタ市民団全体の子として遇されたのである。

二年の見習期間をへて、二十歳からは正式に軍隊に編入され、三十歳まで団体生活を送らねばならない。それを過ぎると、はじめて青年たちは家に帰ることを許される。それまでは結婚しても、兵営から抜け出して妻のもとにかよい、束の間《つかま》の逢う瀬を楽しむのが精一杯だった。

かといって、三十歳に達して家にもどっても、満足な家庭生活を営む余裕は彼らにはなかった。戦士たる男子市民は、それぞれの家から糧食をもち寄って、グループごとに共同の夕食をとる。この共同食事はスパルタ市民の大事な務めであり、これに出席できない者は市民としての資格を失うものとされた。一家団欒《だんらん》などはスパルタ人の想像の及ばぬところだった。

五人のエフォロス（監督官）

質実にして剛健な戦士の育成と彼ら戦士団の維持――すべてがこの一点を指向していた。訓練の詳細はプルタルコスの『リュクルゴス伝』に興味深く語られている。なかでも異様の一語につきるのは、優秀な若者たちを選び出し、彼らをヘロットの住む田園に派遣して、夜間、ひそかにヘロットのうちで力ある者を殺させる慣わしである。

クリュプテイアと呼ばれるこの慣行は、たんなる戦士の訓練方法としては理解を絶する。それは、ヘロットたちの結束と反乱とを極度におそれるスパルタ人が、反乱の中心となるおそれのある有為の人物を未然に消すために選んだ異常な手段でもあった。

前六世紀、スパルタの国制でにわかに重みを増した役職に、五人のエフォロスがある。役人や一般市民の非違を検察し、長老会と民会の運営の主導権を握るこのエフォロスこそ、盛期スパルタの国政の中枢をなす存在といえた。彼らの任期は一年であったが、毎年交代するたびに、新任のエフォロスはヘロットたちに宣戦を布告するのが習いだったという。

ラコニアとメッセニアに広く散在し、農業生産を担うヘロットこそ、スパルタ市民の生存を支える経済的な礎《いしずえ》だった。と同時に、被抑圧者としての膨大なヘロットの存在が、スパルタ人の特異な生活様式を生み出す最大の要因だったことも忘れてはならない。

エフォロスの権威の伸張は、スパルタ市民団内部における政策決定の仕組みにかなりの変化が生じたことを暗示する。古典期の史料からうかがわれるスパルタの国制は、どうやら前六世紀の間に確立されたもののようだ。レトラから推測される長老会の主導性は、ここでは後退し、市民総会である民会と、それを主宰するエフォロスの権限の増大が著しい。

エフォロスは、民会で選出される、市民の文字どおりの代表であり、絶大な権限を握るかわりに、重任は許されず、また、任務完了とともに執務報告の提出を求められた。

ギリシア第一の勢威を確立

このような民主的な国制の成立には、さきにふれた重装歩兵制があずかって力があったとみてよいであろう。前六世紀以降のスパルタ民会を構成したのは、かの平等者たちであり、彼らの意向を無視しては、もはやスパルタの政策決定は不可能となっていた。

スパルタは、国内の体制を固める一方、アルゴスやアルカディアといったペロポネソス半島内の対抗勢力と争い、前六世紀半ばまでに、これら外敵の脅威を除去することに成功する。スパルタの半島内部での地位はここに定まった。

以後のスパルタは、強力な軍事力を背景に、半島北部のアカイア地方と仇敵アルゴスとをのぞくペロポネソス諸市をさそって、つぎつぎと攻守同盟を結び（ペロポネソス同盟）、前六世紀末には同盟体制を完成してギリシア第一の強国としての勢威を確立する。その勢力は半島内にとどまらず、つぎの世紀には、ギリシア全体の動向を左右するにいたるのである。

4　アテネ民主政の成立

「生え抜き」の人々

スパルタと並んでギリシアの最盛期を代表するポリスは、いうまでもなくアテネである。ポリスとしては例外的に広い領域をもち、群を抜く国力を背景に、前五世紀のギリシア世界を指導したこの二つの国家ほど、しかしまた、きわだった対照を示す例は少ないかもしれない。

前六世紀以降のスパルタは、前述のように徹底した鎖国体制を布《し》いた。それに反し、アテネはその最盛期、文字どおり東地中海の交流の中心となった。鎖国以後のスパルタに文化の見るべきものがないのに対して、古典期のアテネは文学・哲学・歴史・美術の諸分野にわたって、めざましい成果を後世に遺している。両ポリスとも、当時の軍事大国である。しかし、スパルタがギリシア第一の陸軍を誇ったのに対して、アテネの頼みとするのはその海軍力であった。

だが、二つのポリスの間に見られる根本的な相違は、両者の国家としての成立の経緯にあろう。

スパルタは、前十一世紀にラコニアの地を踏んだドーリア人によって形成されたポリスである。その特異な社会構成も、このようなポリスとしての成立事情に負うところが多い。これに反して、アテネはギリシア本土でドーリア人をはじめとする第二波のギリシア人の侵入を防ぎきった、その意味でも例外的な土地である。アテネ人自身このことを明確に意識にとどめ、みずからを「生《は》え抜き」と称して誇った。

事実このアテネの地は、暗黒時代からポリス成立初期にかけてのギリシアを象徴する、原幾何学様式および幾何学様式の陶器に関して、その様式の秀抜と産出量との両面で、断然他を圧している。前七世紀以降、一時コリントやアイギナの下風に立ちながらも、前六世紀後半をまって国力を盛り返し、軍事力、経済力はむろんのこと、文化の面でもギリシア随一の名声を博するにいたったことに関しても、あるいはミケーネ時代以来の伝統が物をいっている、と理解すべきなのかもしれない。

貴族政ポリスの成立

しかし、さしあたり国制の面で期待できることは、ここアテネにおいてこそ、ミケーネ時代の王国から貴族政ポリスへの推移を切れ目のない漸次的な過程としてとらえることができるのではないか、ということである。そして、不確かなものながら、それについての伝承がのこされていないわけではない。

コドロス王の献身によって、かろうじてドーリア人の侵入を防いだアテネでは、王権が存続し、コドロスの子メドン、さらにアカストスへと王位は継承された。しかし、同じく伝えによれば、このころすでに王権が三分されて、軍事の大権を握るポレマルコス、政治の実権を掌握するアルコンの職が設けられ、従来の王には、主に祭祀に関する権限が残されたのみだった、という。ポリス時代のアテネを指導する最高の役職の誕生である。

アッティカ幾何学様式陶器
（前８世紀半ば，高さ155センチ）

もっとも、はじめのうちは、王家メドンティダイ（メドン家）一族の手中に、この三役はしっかりと握られていた。任期も終身だったと伝えられる。しかしながら、このような役職の設置、それによる王権の著しい縮小自体、アッティカの各地に割拠する、かつてのバシレウスたちの勢力の増大を意味する。彼らは互いに張り合いながら、その後も着実に力を伸ばし、メドン家の威信を相対的に引きさげる方向に動く。前八世紀半ばと伝えられるアルコンなど三役への十年任期制導入は、この方向での制度上の結実とみなされる。

メドン家の王政は、ここで名実ともに終わりを告げ、アテネは完全に貴族たちの集団指導の時代に入る。そして前六八三年には、アルコンなどの任期は一年と定められ、同じころ、法と裁きのことを司る六人のテスモテタイが選ばれるようになった。計九人から成る広義のアルコン職がここに成立する。その背景に、貴族層内部におけるある種の変動、たとえば中小貴族の地位の向上を想定してさしつかえあるまい。

貴族のアテネ集住とアレオパゴス評議会

もっとも、右のような一連の制度上の変遷のうち、前八世紀半ば以降のアルコン職の任期十年制について、それを後世のフィクションとする有力な異論がないではない。

しかし、王政から貴族政への推移が、制度的には王の権能のアルコン職による分担、アルコン就任者の枠の拡大という形をとったであろうことは、まずまちがいがない。そして、このような過程のさなか、地方に住む貴族たちが、それぞれの支配下にある平民たちをよりつよく把握するために、中心のアテネに一斉に移住し、彼ら相互の連帯を確立することも行われたであろう。それは同時に、貴族たちのメドン家に対する立場の強化にもつながったはず

アレオパゴス（手前）とアクロポリス　背景はヒュメットス山

である。
アテネにおける集住（シュノイキスモス）、それによるポリスの成立とは、このようなものであった、と想像される。

貴族政下のアテネでは、いまやかつての王に代わり、筆頭アルコン（アルコン・エポニュモス。その人の名で年を表すゆえ、このように呼ばれる）が、国制上、名実ともに最高の役となった。しかし任期一年制が九人同僚制とともに、その権能に大きな制約を与える。このような事情から、やがてアテネの国政の恒常的な中心の座に坐ったのが、アレオパゴス評議会であった。

アクロポリスの西方、アレースの丘に集《つど》うことからその名のあるこの会議は、広義のアルコン職経験者たちを成員とする、アテネ貴族の牙城であった。成員は終身その任にあり、アルコンたちを選任し、国政を監督する。裁判権も彼らの掌中にあった。貴族の集団指導は、制度的にはこのような形で保証されていた。

キュロンの反乱

前七世紀半ばごろまでのアテネについて、とくに顕著な政治上の事件は知られていない。しかしこのころ、アテネ社会は徐々に変容をとげつつあった。その最初の徴候がキュロンの反乱である。

前六三二年、メガラの僭主《せんしゅ》テアゲネスの女婿にあたるアテネ貴族キュロンが、一味の者たちとともにアクロポリスに立てこもった意図は、クーデターによる政権奪取、いわゆる僭主政の樹立にあったとみられる。

前七世紀半ばごろから、一部平民の実力の向上によって貴族支配に亀裂が生じる傾向のうかがわれることは、さきに述べたとおりである。平民たちの経済的な力の上昇は、重装歩兵戦術の成立と結びついて、彼らの国政参加への要求を生みだした。それでなくとも、本来、隷従の徒でなかった平民たちは、一段とその政治的発言力をつよめ、失政の一つ一つに鋭い批判と不満の声を放つようになる。

このような貴族対平民の全般的な緊張関係を背景に、特定の危機的状況をとらえて、武力で従来の貴族支配を倒し、いわば非合法に独裁政権を打ち立てるのが僭主であった。前六五七年ごろ、一世紀余にわたるバッキス家一門の貴族支配を覆したコリントのキュプセロスとその子ペリアンドロスなどが、その代表として挙げられよう。

しかしキュロンの場合、明らかに機が熟していなかったというべきであろう。伝えによれば、アッティカ各地の農民たちが報を聞いてアクロポリス周辺に詰めかけ、キュロン一党を包囲してこれを降伏させた、という。

キュロンがいったい何をきっかけに、またどのような成算を抱いて武力に訴えたのか、史料は何も語らない。しかし、前六三〇年代という時点で、平民たちが僭主政よりも既存の貴族支配を選んだ事実は動かない。おそらく、身分間の断層は拡がりつつあっても、隣国の後押しによる僭主政樹立の可能性をまえに、アテネ人としての一体感がすべてを覆った、と見るべきであろうか。

ドラコンの法

貴族と平民との対立は、反乱鎮圧後ふたたび尖鋭化したであろう。前六二一年、ドラコンによってなされた一連の立法がその証《あかし》である。

ドラコンの法は、アテネにおける最初の成文法である。これによって、それまで貴族たちの恣意的解釈に委ねられていた法が、平民をも含む市民全体のものとして明文化され、貴族による政治・司法の専断を規制する第一歩となった。社会の動揺とそれにともなう訴訟の続発、その処理にさいし、裁判権を握る貴族に対して向けられた平民側の不満、この種の批判をいまや無視しえなくなった貴族たちの譲歩。ドラコンによる成文法制定の裏に、われわれはこのような事態を想定することができる。

ドラコンの立法は多方面にわたったと推測されるが、今日その内容を確かめうるのは、無意志殺人が生じた場合の処置を定めた法だけである。三十年ののち、ドラコンの法はソロンによって廃されるが、殺人に関する法だけは残されたと伝えられる。そして事実、くだって前四〇九年に、ドラコンの殺人の法は一枚の大きな碑文に刻まれ、アゴラに立てられて、その一部が十九世紀の半ばに出土している。上記の無意志殺人に関する規定の部分がそれである。

このように、古典期にいたるまで効力をもちつづけた殺人についてのドラコンの法が、公布当時担った意義は、つぎの点にあったと考えられる。

それまで、殺人の加害者に対する制裁は、被害者の親族による私的な血讐に委ねられていた。ドラコンの法はこれを禁じ、告発・和解のいずれにせよ、なお親族の意志や権利を優先させながらも、法を背景とするポリス公権力の規制をそれに加えようとするものであった。

ドラコンの殺人の法について、キュロン事件との関連を指摘する学者もある。キュロン逃亡後、その一味は捕えられて、アクロポリスの神域での助命歎願も空しく殺害される。その指揮をとったのが名門アルクメオン家のメガクレスであった。

これは、ギリシア人の観念では明らかに瀆神《とくしん》の罪にあたる。殺された者たちの親族は慣習に従い、アルクメオン家とその一派に対して復讐の刃を研《と》ぎすます。狙《ねら》われる方でも、それに対して身構える。これはただちにアテネ国内に不穏の情勢をかもし出す。そうしたなかでドラコンは、アルクメオン家と多くの平民たちの支持のもとに、さきのような法的規制を立案したのだ、と。

「調停者」ソロンの登場

いずれにせよ、ドラコンの立法以後、アテネでは多くの分野で有力者の専断が通用しにくくなっていった。ドラコンが国制を改めたとする伝えは、今日、多くの学者によって退けられているが、一連の立法作業によって、ポリスとしてのアテネ国家の運営に一定の方向を指し示した功績は否定できない。

しかし、このことは必ずしも、ドラコンの法が当時のアテネがかかえていた社会問題に対する的確な処方箋たりえたことを意味しない。三十年後、アテネではソロンによる思いきった改革を必要としたことが、そのことをなによりもよく物語っている。

前五九四年、貴族・富裕者に対する下層市民の不満が一触即発の危機にまで高まりをみせたとき、貴族・平民双方の輿望《よぼう》を担ってアルコンに選ばれ、「調停者」として事態打開の任にあたったのがソロンである。彼については、祖国の現状を批判し、みずからの政治的業績を謳《うた》った詩作の断片がいくつか伝えられ、伝記的事実もわずかながら残されている。アテネ史上、その個性をつかむことのできる最初の人物と評してよい。

ソロンはかのコドロス王に連なる由緒ある家系の出であったが、その富の程度はさしたるものでなかったという。貴族出身ながら、若いときは海外交易に携わっていたともいわれる。広い視野をもち、そのうえに正義感にあふれた、卓越した人物だったのであろう。その財産や地位からいって、貴族・平民いずれかに片寄った判断を示すおそれも少ない、とみられたのかもしれない。

ヘクテーモロイの増大

全権を委ねられて登場したソロンの前に焦眉《しょうび》の急として解決を迫った危機とは、いったいなにか。のちにソロンは、みずからの改革をかえりみた詩句のなかでつぎのようにいう。

「その土地から私はあちこちに立てられた抵当標を引き抜き、かくて土地は以前の隷属の状態からいまや自由となった。多くの人々を私は神の造れる祖国アテナイに連れ戻した。彼らは或いは不当に、或いは正当に奴隷に売られ、或いはやむを得ぬ事情で故国を棄て、諸処に流浪せるためにもはやアッティケの言葉を語り得なかった。私はまたこの土地で恥ずべき奴隷の地位に下り、主人の恣意の前に身震いする人々をも自由の身となした」（アリストテレス『アテナイ人の国制』一二章四節。村川堅太郎氏の訳による）。

右のソロンの詩を引くアリストテレスは、同書の二章二節で、富裕者に隷属して耕作に従事した人々を「六分の一」（ヘクテーモロイ）と呼んだこと、この種の人々の増大によってアッティカの土地は、事実上、少数の富裕者の手に集中したこと、ヘクテーモロイが規定の利息である収穫の六分の一を支払わないとき、当人は家族ともども奴隷身分に落されたことを述べ、さらに、ソロンのときまでは、借財にあたって市民はみずからの身体を抵当とする慣わしであった、と付け加えている。

調停者としてのソロンが直面した改革前夜のアテネの状況と、それに対するソロンの抜本的対策の内容は、以上によってほぼ明らかである。

アッティカにおける中小農民の困窮、借財による富裕者への隷属化、さらには奴隷身分への転落の危険。このような事態の進展が、平民層の間につよい不満と不穏の気を醸成《じょうせい》したことは容易に想像できる。しかもこれは、ポリス全体にとっても存亡の危機を意味した。重装歩兵としての重責を担う自由農民の没落は、そのまま国防力の低下につながったからである。

このことは、貴族・富裕者の目にも国家の危機として映じたにちがいない。このように、身分階層を問わず、アテネ市民の間に隈《くま》なくゆきわたった極度の不安感を背景に、ソロンはつぎつぎに思いきった手を打っていった。

ソロン

「重荷おろし」

中小農民が富裕者に負うている債務を帳消しにすること、それが社会不安を解消するうえになによりの急務である。この措置は、債務者の土地に立てられている抵当標を撤去することで人々に明示される。借財と、それにともなう収穫の六分の一の支払い、債権者に対する身分的隷属から、ヘクテーモロイは一挙に解放された。彼らはふたたびかつての自由な農民にたちかえる。人々はこれを「重荷おろし」(セイサクテイア)と呼んだ。六分の一を支払えずに奴隷の地位に落ちた人々をも、ソロンは手をつくして救い出そうとする。ここに、貧富の差はあっても、自由人として同一の基盤に立つアテネ市民団がよみがえった。

しかし、状況のいかんによっては、ふたたび同じような隷属関係が市民相互の間に現出しないともかぎらない。その根を絶つためには、おそらくドラコンの法によって容認され、定められていたと推測される、在来の債権・債務関係の在り方に、メスを入れなくてはならない。

市民がみずからの身体を抵当に入れて借財をする慣行——禍根はここにある。ソロンはこれを禁ずることによって、自由な市民からヘクテーモロイ、さらには奴隷へという身分的転落の道を断ち切った。この措置は、結果的に市民と奴隷との身分差をはっきりさせ、市民の共同体としてのポリスの枠組みをしっかり固めたという意味で、アテネの歴史上、はなはだ大きな意義をもつことになる。

アッティカの中小農民

ソロン登場前夜のアテネの危機の実状、ならびにそれに対するソロンの打開策は、史料の示すところ、おおよそ以上のように考えてよい。

しかし前六〇〇年前後、なにゆえにアッティカの中小農民が経済的に苦境に立ち、富裕者への借財をしいられるにいたったのか。ヘクテーモロイとは法的にいかなる身分として把握さるべきなのか。また、その起源をどこに求めたらよいか。ヘクテーモロイから奴隷への転落の過程はどのように説明されるだろうか。疑問はつきない。そして事実、これらの問題は学者たちによって、永い間、論議の的とされてきた、ギリシア史上の難問の一つである。

そもそも前七世紀末ごろ、アッティカの農民たちがなぜ富裕者に借財を仰がなくてはならなかったのか。以前は、この時期に貨幣経済の浸透を想定し、そこに社会変動の鍵を求める考え方が有力だった。しかし現在では、この見方は力を失っている。

近年、古銭学の研究の進展にともない、小アジアのリュディア王国における貴金属貨幣の鋳造開始年代が前七世紀後半に引き下げられ、前六世紀初頭のギリシア本土で貨幣を鋳造していたのは、アイギナとコリントだけだと解する傾向が専門家の間でつよいからである。ソロンの改革の前夜、アッティカでは貨幣はまだ流通していない。中小農民が貨幣経済にまきこまれて窮境に陥ったとする説明はもはや通用しないのである。

それでは、この時期に異常な不作がアッティカを襲ったのだろうか。あるいは外敵の侵入によって耕地が荒廃に見舞われたのか。これらの場合、中小農民は自家消費のために、あるいは播種用として、富裕者に穀物の供給を仰がなくてはならなかったはずである。

しかし、この二つの想定はいずれも裏づけとなる伝えに欠ける。それればかりでない。この時期のアッティカ農民は、黒海沿岸地方にオリーブ油の販路を見いだしたことによって、困窮化どころか、生活を向上させる目安がついたところだ、という学者もある。

ヘクテーモロイの身分

この種の推測と、ヘクテーモロイを借財によって土地に緊縛《きんばく》されるにいたった隷属的な耕作者とする見方とは、当然ながら、たがいになじまない。ヘクテーモロイを借財問題とは関係のない隷農身分と解するのが、この場合、おそらく唯一の抜け道であろう。そして事実、十九世紀以来、ヘクテーモロイを古くからの世襲的な隷農身分とする解釈が通説と対峙しつつ存続し、最近では、さきに述べたような古銭学上の知見の変化から、有力なギリシア史家によって、改めて顧《かえり》みられつつある。

このような解釈を受け容れるとすれば、これまで述べてきたわれわれの貴族政期ポリス像は、全面的に変改を迫られることになろう。それは、自由と引き換えに、有力者の庇護のもとに自発的に入った共同体成員の存在を、アテネについて認めることにもつながるからである。

しかしわれわれは、この種の従属民の影を、他に史料のうえに認めることができない。そのうえ、なによりもヘクテーモロイについてしるす二つの史料、すなわち上記の『アテナイ人の国制』二章およびプルタルコス『ソロン伝』一三章のいずれにおいても、問題の隷属的耕作者の存在は借財問題との関連でふれられている。ヘクテーモロイを世襲的隷農とみる学者のなかにも、借財による自由農民の奴隷化の可能性を同時に認める者があるのは、そのことによる。

通説による場合でも、ヘクテーモロイを法的にどのように規定するか、市民たる中小農民がどのような過程を経てヘクテーモロイに、あるいは奴隷に転落するのか、それらを仔細に説き明かすのは、なかなかに難しい。いわんや、前六世紀初頭、アッティカにヘクテーモロイが多数出現した背後の事情を推定することの困難なことは、さきに述べたとおりである。最後の問題にもう一度たちもどるならば、ある学者の説くように、コリント・アイギナへの貨幣導入が間接的にアテネに影響を及ぼしたと考えることも、あるいは可能かもしれない。前六〇〇年前後に借財問題をひき起こす顕著な要因を別に想定することができないとすれば、旧説とはちがった角度から本土における鋳貨流通の開始を眺めてみるのも、あながち無意味ではないと思われる。

財産による市民の等級づけ

たしかに、「重荷おろし」によって、アテネ市民団崩壊の危機は回避された。しかし、従来の貴族支配の体制を、そのままの形で維持することは、すでに不可能であった。経済的にも軍事的にも力をつけてきた平民層の意向を、なんらかの形で国政のうえに反映させる必要があった。ソロンの改革の第二の眼目は、この意味での国制改革にある。

その基本的方向は、ひとことでいうならば、家柄を重んじる旧来の在り方に代えて、それぞれの家の経済力を国政参与の資格認定の基準とするところにあった。

ソロンは、土地からの収益を基準に、市民たちを五百石級《ペンタコシオメディムノイ》・騎士級《ヒッペイス》・農民級《ゼウギタイ》・無産者級《テーテス》の四つの階層に分け、おのおのの階層について、国政参与の程度を定めた。アルコンをはじめとする高位の役は五百石級・騎士級が占め、なかでも財務官には、五百石級だけが就きうることとした。これに反し、無産者級には、民会への出席権が与えられただけであった。

上記の財産による市民の等級づけは、実はソロン以前から行われていたものだった。農民級は、重装歩兵として出陣しうる中堅の市民たちを、無産者級は、それだけの経済的余裕がなく軽装兵や艦船の漕ぎ手として働く人々を、騎士級は、逆に騎馬をも養いうる富裕な市民たちを指す呼称だったらしい。五百石級も、最上層の市民に対する古くからの呼び名だったと考えられている。

財産級政治

ソロンの着想の新しさは、主として軍制上の要請にもとづく旧来の等級づけを、国政参与の権利を定めるさいの下敷きに用いた点にある。市民は、同時に国家防衛の戦士であり、戦士としての実力こそが国政参加の権利の基礎とならなくてはならない。このような認識がソロンの着想の背景をなしていることは明らかである。

武具はすべて個人の負担によるというのが、ポリスの軍制の原則である。したがって、市民一人一人の財力がそのまま国家に対する彼の軍事的な貢献度につながる。家柄や生まれでなく、財産こそが市民としての政治上の発言力を支える基盤とみなされるべきだ。このような考え方は、重装歩兵戦術の確立をみた当時のアテネの現実に、まさに適合的であった。

ソロンは貴族・平民双方の調停者として登場している。貴族政の骨組みを崩すことはできない。しかし同時に、密集隊形のなかで目立ってその比重を増しつつある中・上層平民にも相応の政治的発言権を与えて、彼らの要求にこたえなくてはならない。そのためには、上記のような財産級政治《ティモクラティア》の論理以外によるべきものはなかった、ともいえよう。

ソロンの国制改革によってアテネの貴族支配が打撃をうけた、と見るのは早計である。貴族たちは上位の等級を占め、そのことを通して以後も国政に対する発言力を保持していく。

しかし、市民の国政参与の程度を定める基準を、生まれでなく財力に求めた点は、やはり重大な変革であった、と評してよい。市民たちの意識に及ぼした影響もむろん考えられる。

だが、この改革によって、社会経済の進展にともない、平民層の一部が上位の等級にのぼり、国政の中枢に参画する制度的な道が開かれた意味はさらに大きい。ソロンをアテネ民主政の創始者とする見方は、おそらく当たっていまい。しかし彼の改革が、事実上、前五世紀前半にいたる民主政完成への長い道程の出発点をなすものであったことは、なにびとも否定しえないであろう。

アテネ民主政成立のうえで

アテネ民主政成立のうえで、ソロンの果たした役割をどのように評価するか。この点については、学者の間に少なからぬ見解の開きがある。それは、彼のなした改革について、その自作の詩の断片以外に、同時代の確かな史料が見あたらないという事情による。のちの伝えも、改革の詳細を語らない場合が多く、そのために、われわれは実状を把握するのに困難を感ずることが少なくないのである。

「重荷おろし」に関して、そのような問題のあることはすでに述べた。国制上の諸改革についても、同じことがいえる。さきにふれた市民の等級づけにしても、その基礎をなす財産の査定に関して難しい問題がいくつかある。役人の選出についても同様である。財務官と違い、アルコンには騎士級の市民も就任しえたのかどうか。これに関して、実は議論の分かれがあるし、各部族から十人を予選し、計四十人のなかから籤《くじ》でアルコン九人を選んだとするアリストテレスの伝え（『アテナイ人の国制』八章一節）も、そのまま受け取るべきか否か、専門家の意見は一致を見ない。

アリストテレスはまた、ソロンがアレオパゴスの会議のかたわらに、各部族から百人、計四百人から成る評議会を新たに設けたと伝える（上掲書、八章四節）。これをほぼ同時代のキオスの碑文に見える新設の民主的評議会と同じ性格を有し、同じ役割を担う機関と見る学者もある。そのように理解するならば、四百人評議会の設置は、ソロンの民主政への志向を端的に示す改革ということになろう。しかし、この評議会の権能や実際の活動を伝える史料は、ほかにまったく見あたらない。したがって、その実在を疑う異論がつよく出されているのも、ゆえなしとしないのである。

民主政創始者としてのソロン像

このように、ソロンの国制改革に関する伝えは、民主政的色彩を帯びる細部について、ことに史実性にとぼしい。民主政創始者としてのソロン像は、前四世紀のアテネ内部における党争の過程で生み出された虚像だとする一部の学者の意見も、一概《いちがい》に退けるわけにゆかないかもしれない。

だが、たといソロン自身、明確に民主政を志向することがなかったとしても、彼の行った各種の改革は、以後のアテネの社会と政治の基本的方向を定め、前五世紀の民主政完成に結実する動きの第一歩となった。中小農民の救済とアテネ市民団の再建、市民身分の確立と財産級制度の導入という彼の改革の骨組みをなす部分について、そのことはことに明らかである。

細かい点に関して議論の分かれが見られるにせよ、古典期の民主的国制の要の一つである裁判制度も、その大枠はソロンの創始にかかるものとされている。市民生活を律する数々の法についても、事情は同様である。法廷弁論をはじめ、数多くの古典史料に引かれている、いわゆるソロンの法がすべて彼の立法によるものかどうかは、今日、多くの学者によって疑われている。しかし、その一部は明らかにソロンの手に成り、以後のアテネ市民の、たとえば家族生活を律してきたことは疑う余地がない。

ソロンはまた、アテネ経済の発展のためにも、さまざまな手を打った。特産のオリーブ油以外の農産物の輸出を禁ずる一方、手工業を奨励する措置として、一家をあげて来住し手の技にしたがう外人にアテネ市民権を賦与する特例を設けたりした。専門家の間にめんどうな議論を呼んでいる度量衡の改正も、海外との交易の便宜を考慮してのことと推測してよいであろう。

ソロンの改革後の混乱

ソロンの改革・立法事業は、その範囲がまことに広く、また、後世に与えた影響も深い。しかしそのことは、かならずしも、彼の施策が当時のアテネのかかえる矛盾をみごとに解決したということを、意味しない。事実はむしろ逆であって、貴族の側からは改革のゆきすぎを、また、民衆の側からは改革の不徹底を難ずる声がつよく、ソロンはそれをさけてエジプトに旅立ったという。

アテネ国内の混乱は、改革後数年にして、かなりの程度に達したらしい。アルコンの選出が一度ならず二度までも不可能の事態におちいったり、逆に、選ばれたアルコンが二年以上も在職して、僭主政の危険ありとして逐《お》われたりした。そのあげく、筆頭のアルコン職を貴族五人、農民三人、おそらくは富裕な商人や手工業者二人、あわせて十人で分担するという異常事態にまで立ちいたったことを史料は伝える。

前五八〇年のこの事件は、ソロンの財産級を背景に平民の最上層が国政指導の一角にくいこむことに成功したことを示すかに見えるが、事態はその後、貴族に対する平民のあからさまな身分闘争という形をとって進行したのではないようだ。

当時のアテネ国内には、平野党・海岸党・山地党の三党派が鼎立《ていりつ》していたと伝えられる。党派の名が示すように、それは地域的な対立であり、同時に、それぞれ政治的主張を異にする階層別の集団の対立でもある。これが在来の通説であった。だが近年、このような見方に対して有力な異論が提出されている。

党争は、指導的な貴族の対抗関係を起点とし、三つの党派の名は、それぞれ彼ら有力者の本拠の所在を示す。三地域の住民構成に根本的な差はなく、したがって、かりに三つの党派の支持者の間に地域による色分けが認められるとしても、そこから階層的対立と政治的主張の違いを推論することは当をえない。批判の要点は以上のようなところにある。

この説は、おそらく正しい。平民の力の向上と、それに対する貴族の対応という事態を底流としながらも、政治の動きはこれら平民をも支持者として抱《かか》える有力貴族たちの抗争を軸に展開されていった。その場合、貴族たちにとり、自派の内部においても、また、党派間の抗争の過程においても、平民層の動向を無視することは、ますます許されなくなっていたであろう。局面によっては、平民たちの支持いかんがすべてを決定することもありえたはずである。アッティカの北東部に拠点をもちながらも、中心市の民衆の支持をも得て、ついに僭主政樹立に成功したペイシストラトスの事例が、そのことを如実に語っている。

ペイシストラトスの僭主政樹立

ペイシストラトスの政権奪取は、まさしくクーデターによるものだった。当時のアテネ史を貫く一筋《ひとすじ》の重要な糸は、隣国メガラとの対抗関係である。ソロンも実は対メガラ戦で名をあげて政界に登場したのだが、ペイシストラトスの場合も、事情は同じだった。だが政権掌握の過程はまったく対照的である。

一日、ペイシストラトスは自分の身体に傷をつけて人々の前に現れ、反対派によってこれほどまでにひどい目に遭わされたと訴える。そして、民会の決議にもとづいて護衛兵の設置を認められる。ペイシストラトスはこの武力を用いて一挙にアクロポリスを占領し、非合法にアテネの統治権を手中にするのである。

ペイシストラトスが護衛兵の設置を要求したとき、老齢のソロンは僭主政樹立の意図を見ぬき、それを認めないよう人々に説いたが、甲斐なく終わったといわれる。ときに前五六一年であった。

キュロンによる最初の試みから数えて七十余年、アテネにも、おくればせながら僭主政が成立する。しかしペイシストラトスの支配が確立するまでには、リュクルゴス、メガクレスといったそれぞれ平野党・海岸党を率いる有力貴族との間の熾烈な党争が待ち構えていた。ペイシストラトスは、彼らによって二度までもアテネを逐われる。メガクレスの娘との政略結婚まであえてしている。だが、最後にものをいったのは資金力と武力であった。

ペイシストラトスは二度目の追放後、トラキアの有名なパンガイオン金山の付近に根城を定め、その採掘で富を得、兵を養って、反攻の機をうかがう。その機会はおとずれた。彼は他ポリスの同志の協力をも得て、反対派をアッティカ中央部のパルレネで破り、僭主政の確立に成功するのである。

その年代は、伝えが不明確なため、専門家の間で意見が分かれる。総じてペイシストラトスをめぐる細かな年代画定には異論が多く、ほぼ一致を見るのは、没年を前五二八／七年に置く点だけといってよい。さきにしるした第一回クーデターの年代、前五六一／〇年についても、前五六〇／五九年を主張する専門家が少なくない。

諸家の推定にしたがえば、短くとも十数年、ながく見積もれば二十数年の年月が僭主政確立までに費されている。その仕上げが市民たちからの武器の取り上げである。

これについても、ペイシストラトス一流の策謀が用いられたことを史料は伝えるが、ポリス市民の戦士としての在り方、それに、武具自弁の原則を正面から否定し、市民たちの関心を私生活の領域に集中させようとしたところに、独裁者としての僭主の志向を明らかに読みとることができよう。

中小農民の保護育成

ペイシストラトスがとくに気を配ったのは中小農民の処遇である。市民たちの多くが田園に居ついて農耕に精を出し、政治に口出しする暇もないようにすること。そこに彼の勧農政策の目的があった、とアリストテレスはいう（『アテナイ人の国制』一六章三節）。ここにも、前述のような僭主特有の志向を認めることができるかもしれない。しかし、中小農民の保護育成は、僭主ペイシストラトスに課せられた、いわば歴史的任務ではなかったか。

ソロンの改革の最大の目標が中小農民層の再建にあったことは、さきに見たとおりである。中小農民の多くを富裕者への隷属状態から救い出し、以後ふたたびそのような状況に陥《おちい》らないよう、制度的な歯止めを設けたところに、ソロンの改革の意義があった。

しかしソロンは、貧困農民に市民としての身分的保障を与えはしたものの、彼らの生活の安定をもたらす具体策、たとえば土地の再分配に踏みきることはしていない。それに対する中小農民層の不満に、以後の社会的混乱の要因の一つがあった、と考えられる。

有力貴族たちの覇権争いも、中小農民層の不満をいかにして吸い上げ、その力を政権争奪の手段として組織するかに、勝敗の帰趨はかかっていたといってよい。党争を克服し、僭主政を維持するためにペイシストラトスのとるべき政策、それはだれの目にも明らかである。

史料は多くを語らない。貧困市民のために農業資金の貸付を行ったと伝えるが、それだけでは、彼の支配成功の秘密を解き明かすのに十分でない。反対派貴族の没収地、あるいは共有地の再分配が専門家によって想定されているのも、そのためである。

アテネ市民団の中核たるべき中小農民層は、ペイシストラトスの一連の施策によってその地歩を確立した、といってよいであろう。

聡明な独裁者

ペイシストラトスの治世、アテネはたしかに平穏を取り戻したかに見える。国力もようやく充実し、黒絵式のアッティカ陶器がコリント式の陶器に代わってギリシア世界を制覇するにいたる。アッティカ貨幣の鋳造が本格化したのも、この時代のことといわれる。

増大した財政力を背景に、ペイシストラトスは、アクロポリスをはじめとする中心市アテネの整備と美化とに着手する。守護女神アテナの生誕を祝うパンアテナイア祭を拡充し、国を挙げての最大の宗教行事の地位に高めたのも、また、劇の上演をともなう大ディオニュシア祭を創始したのも、ペイシストラトスであった。

ペイシストラトスの施政は穏和で合法的だったと評される。それは、ある意味でソロンの精神を継承しながら、前五世紀におけるアテネの飛躍を準備したものといえるかもしれない。けれども、反面、そのなかに僭主政固有の独裁的性格を見いだすことも、さして難しいことではない。

ペイシストラトスは、農民たちから、収穫の一〇分の一（別の伝えでは二〇分の一）を租税として取り立てたといわれる。貴族支配のもとでも、ギリシアの農民は貢租の義務を負わなかった。そこに、他の世界に類例を見ない彼らの特異な地位の表れを認むべきことは、さきにふれたとおりである。ペイシストラトスはここでもポリスの伝統を破っている。彼は農民を保護育成するかたわら、それを自分に服すべき存在として把握しようとしていたと見ることができる。

国政運営に関しても、ペイシストラトスの独裁者としての性格は巧みに貫徹されている。

なるほど彼はソロンによって定められた国制を守り、形のうえではその枠のなかで政治を行うよう努めたとみられる。しかしその実、筆頭アルコンをはじめ、ポリスの要職には一族や支持者だけを就け、そのことによって自分の意思を国政のすみずみにまで反映させることに成功している。

僭主政の閉幕

ペイシストラトスの僭主政に高い評価が与えられて然《しか》るべきだとすれば、それはおそらく、その聡明な人柄と、みずからに課せられた任務を見ぬき、それに的確に対応しえた政治家としての資性の賜物であった、といってよかろう。僭主政は、反ポリス的な要素を多分にふくむ変則的な政体である。僭主に人を得ないとき、このような本質はただちに露呈される。そうなると、瓦解《がかい》への道は近い。

ペイシストラトスの死後、長子ヒッピアスが弟ヒッパルコスとともに父の跡をつぎ、反対派貴族との宥和《ゆうわ》を図りつつ、国政の運営をつづけた。前五一四年、ヒッパルコスが美少年ハルモディオスをめぐる三角関係のもつれから殺害されると、ヒッピアスはにわかに圧制者としての性格をあらわにする。その歴史的使命を果たし、いまやアテネ市民たちの桎梏《しっこく》と化したペイシストラトス家の僭主政は、その四年後、前五一〇年に幕を閉じるのである。

クレイステネスの登場

舞台はあわただしく回る。ここで主役として登場し、ソロンの改革からペイシストラトスの僭主政へと展開したアテネ民主政確立への歩みを承《う》け継いで、さらに決定的な一歩をしるしたのが、海岸党を率いる名門アルクメオン家のクレイステネスであった。

このアテネ史上すこぶる重要な人物について、われわれの知る伝記的事実はきわめて乏しい。シキュオンの僭主クレイステネスの外孫にあたること、ヒッピアスの治下でアルコンの職にあったことについては知られているが、ペイシストラトス家の追放から改革までの波乱の時期におけるクレイステネスの動静は、ヘロドトスやアリストテレスの詳しい伝えがあるにもかかわらず、あまりはっきりしない。

クレイステネスを中心とするアルクメオン家が反僭主活動の急先鋒だったことは、たしかなようである。しかし、実際にヒッピアス一派を国外に追放したのは、当時とみに勢威を増し、反僭主活動の牙城の観さえあったスパルタであった。アルクメオン家は、デルフィの神託を司る巫女《みこ》を通して、ペイシストラトス家追放をスパルタに働きかけたといわれる。

僭主政が倒れたのち、アテネの政界を指導したのはクレイステネスとイサゴラスとの二人である。イサゴラスは寡頭《かとう》派的な考え方の持ち主であり、しかもその党与は、クレイステネスのそれとくらべ、いちだんと優勢であったらしい。対抗上、クレイステネスは民衆の国制上の地位を強化する一連の法案を民会に提出し、彼らの圧倒的な支持を得て、これを通過させた。それは、イサゴラスが筆頭アルコンの年、すなわち前五〇八年のことであった、と伝えられる。

イサゴラスはスパルタの再度の武力介入を求め、クレイステネスは国外に逃れるが、民衆はこの処置を肯《がえ》んぜず、逆にスパルタ軍とイサゴラス一派をアクロポリスに囲んで、これを降した。そして、クレイステネスは召還され、さきに通過した法に基づいて、アテネ史上画期的ともいえる改革をつぎつぎと実行に移すのである。

史料の語るところは、必ずしも明確ではない。しかし、事態の推移はおおよそ右のごとくであったとするのが、今日、有力な学者の間でとられている解釈である。

クレイステネスは、ソロンのように調停者としての大権を委ねられているわけではない。また、ペイシストラトスのように独裁的権力を掌握しているのでもない。一派の領袖とはいえ、彼は、おそらく一市民の資格で民会に例の改革案を提出し、それを通過させたのであった。

彼の背後には、実力と意識との双方において進歩いちじるしい平民層がひかえている。このたびの改革では、民会に集《つど》う彼らの意向が決定的な意味をもっていた。われわれは、そこに民主政成立の基盤が熟成されつつあるのを見いだすのである。そして、クレイステネスの改革そのものが、また逆に、民主政への民衆の志向に然るべき指針を与え、以後のアテネ民主政を動かしていく制度上の礎石ともなったのであった。

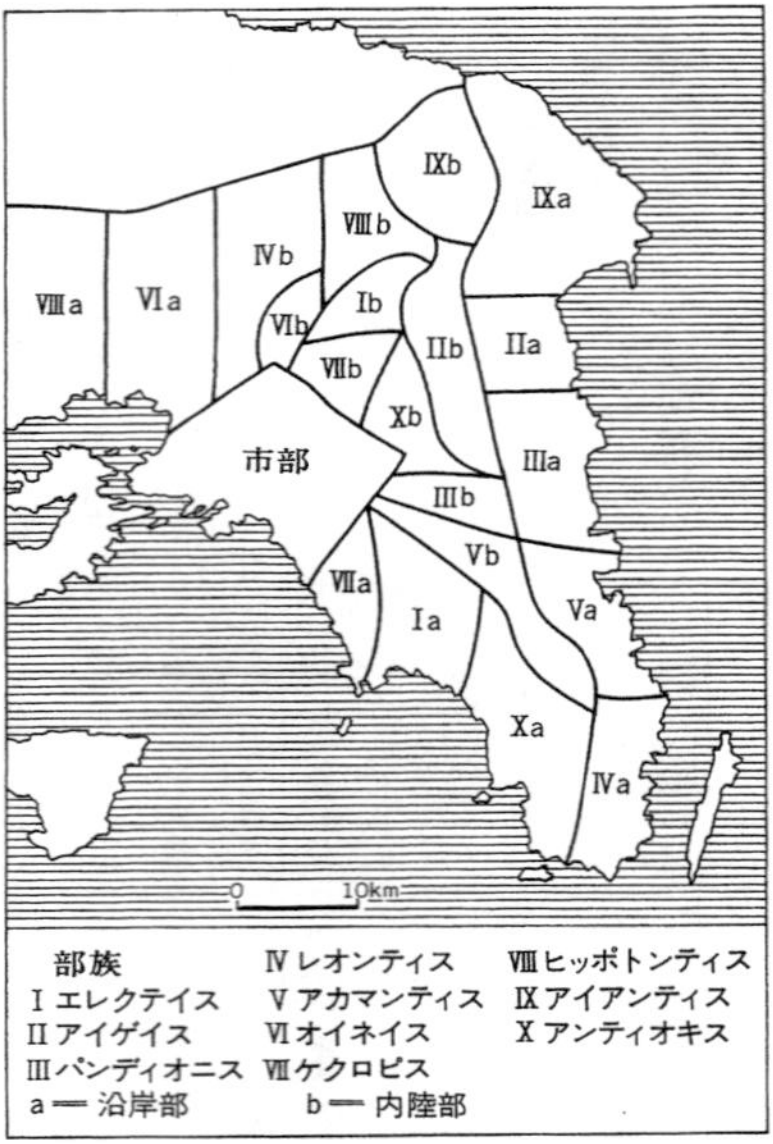

十部族分布図

十部族制の創設

クレイステネスの改革の要をなすのは、旧来の四部族に代わる十部族制の創設である。クレイステネスの狙いは、明らかに有力貴族の地盤の分断にあった。ソロンの改革以降、国政運営の主導権をめぐって熾烈な争いをかさねてきた彼らの勢力基盤が、すこぶる地域性のつよいものであったことは、すでに見たとおりである。この地盤を同じ地縁的原理に基づいて組織された新部族制によって消し去り、無力化しようとするのが、改革の意図するところである。

そのためには、新部族の編成にあたって特別な工夫が必要であろう。また、国制全体を十部族制を基に再構築しなくてはならない。この二つをクレイステネスは見事に果たした。前五〇八年の改革を、アテネ民主政成立史上、最大の里程標たらしめたのは、そこで示された彼の卓抜な立案力であった、と評することができよう。

十部族制はたいへんに手のこんだ仕組みである。アッティカ全土を市域・沿岸・内陸の三地域に分かち、それぞれをさらに十の区域に細分する。これらトリッテュス（三分の一の意）と呼ばれる計三十の区域のなかから、市部・沿岸部・内陸部に属するものそれぞれ一つずつを選んで組み合わせ、これを一部族とするのである。

部族は、原則として地理的に離れた三つの部分から成り、そのなかには必ず、市域も田園もともに含まれる。構成員の職業も階層も多様であり、部族ごとに平均化される。構成員の数も部族間に偏《かたよ》りのないよう、組み合わせに注意がはらわれたであろう。その意味で、籤《くじ》による組み合わせを伝えるアリストテレスの記事（『アテナイ人の国制』二一章四節）を疑問視する意見がつよい。

デーモスの設定

トリッテュスは、平均数個のデーモス（区）から成る。デーモスも、従来の村落を基にクレイステネスが設定したもので、現在、百三十九の区名が史料のうえで確認されている。このデーモスが、以後のアテネで市民編成のもっとも基礎的な単位となった。改革当時、住みついていたデーモスが、以後その家の原籍地となり、個々の市民はそれぞれのデーモスに登録されることによって、アテネ市民として公認される。部族への帰属も、それによって自動的にきまった。旧四部族、それに、これらの下部単位であり、血縁的な原理によって組織されていたフラトリア（兄弟団）は、国制上の役割を失い、その活動を宗教や私法の領域に限るようになる。

十部族は、このようにデーモスを基礎に、地縁的な原理によって組織された団体である。それらは構成員の数と質とにおいて互いに似ている。そのうえなによりも、おのおのの部族のなかで、貴族たちが従来のような威をふるえないよう、人為的に巧妙な編成がえが行われている。この十部族制を基に国政を運営すること、そこから導き出される結果は、民主政以外にありえない。

そのことをさらに保障する制度上の改革が、五百人評議会の設置である。一部族五十人、計五百人から成るこの評議会は、民会での審議事項を先議し、独自の司法・行政上の権能をもつ機関として、完成期のアテネ民主政では枢要の地位を占めるにいたる。

役人の選出も十部族制を基礎に行われ、十人同僚制がひろく採用されるようになる。そのなかで、もっとも注目されるのが将軍職《ストラテゴス》の設置である。

戦士組織も十部族制にのっとって再編制された。各部族の部隊長格として、十人の将軍が任ぜられ、この役は、前五〇一年以降、民会で市民全員によって選ばれるよう改められて重みを増す。そして前五世紀に入って、アルコンなどほとんどの役職が籤《くじ》びきの対象となったのちもなお、挙手による選挙が適用され、そのうえ、在任期間に制限がなく重任が認められたため、最盛期のアテネでは、アルコンに代わってもっとも重要な役となった。

陶片追放《オストラキスモス》

だが、クレイステネスの行った改革のなかで、もっとも有名なのは、陶片追放であろう。もっとも、史料の伝えるところ、はじめてそれが適用されたのは前四八七年だとして、この制度をクレイステネスに帰するのを疑問視する意見もある。しかし改革当時、みずからの立場が必ずしも強固でなく、おそらく有力な反対者にかこまれていたクレイステネスにとって、僭主たりうる有力者の追放を目的とするこの制度がきわめて好都合だったことはたしかである。

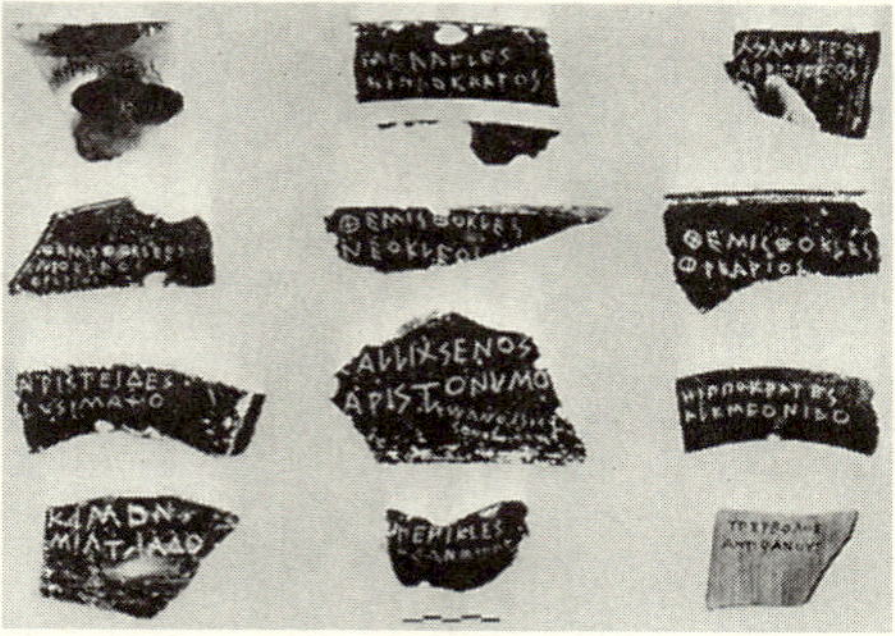

アゴラ出土のオストラコン（陶片）　テミストクレス，アリスティデス，キモン，ペリクレスなど当時の有力な政治家たちの名が見られる

毎年一回、投票を行うかどうかを決め、投票の実施がきまると、市民一人一人が陶片《オストラコン》に僭主となるおそれありと思う人物の名をきざんで、これを投ずる。規定数をこえた最多得票者一人が十年間、国外に追放される。ただし市民権を奪われる

ことなく、財産も没収されない。投票が発効するのは、投票総数が六千を越えたときとも、一人の得票数が六千を越えた場合ともいわれていて、はっきりしない。

趣旨からいえば、民主政を守るうえに、これはいかにもクレイステネスの立案を想わせる巧みな方法である。しかし政争の具に用いられて、有能な政治家があいついで追放されるというのが実際であった。投票の組織化なども茶飯事であったろう。弊害のみ目だつこの制度は、結局、前五世紀の末を最後に用いられなくなった。今日では、投ぜられた陶片が大量に発見され、実態のよりいっそうの究明が期待されている。

アテネ民主政への枠組み

細部について議論がのこるにしても、クレイステネスの改革の成果は、だれの目にも明らかである。アテネ民主政の完成には、あと半世紀近く待たなくてはならない。しかし、その前提となる制度的な枠組みは、すでにこのときに築かれていると見てよい。

以上のような、多面的でしかも国制の基本にかかわる改革が、伝えられるように、前五〇八年というわずか一年の間に成しとげられるものだろうか。クレイステネスが、どうやら非常大権を掌中にしていなかったとすれば、なおさらこの種の疑問は深まる。そのことも含めて、晩年のクレイステネスの消息は謎につつまれている。プルタルコスの列伝にソロンの伝がありながら、クレイステネスのそれがないのはなぜだろうか。

十部族制や陶片追放の創始において、世界史のうえからみても稀有な独創の妙を発揮しながら、自身の足跡は杳《よう》として知れない。しかし、それも、あるいは知恵者クレイステネスにとってふさわしいことではなかろうか。

第四章　ポリスの栄光と凋落

1　自由のための戦い

アテネとスパルタ

スパルタもアテネも前六世紀の間に、その形に差異はあれ、いずれも民主政ポリスとしての基礎を固め、雄飛のための準備をおえていた。ただ同世紀末の時点で両者をくらべると、スパルタに一日の長があることは否めない。国内の体制はととのい、ペロポネソス同盟の盟主としての地位もすでにかたい。アテネの僭主政打倒に一役買い、その後の政局にも干渉の手を伸ばしている。これに反し、アテネはスパルタの介入を退け、民主政への志向をいっそうあらわにしながらも、その行方は必ずしもさだかでない。到達点はなお遠く、幾多の難関が予想される。

しかしギリシア史全体の歩みを見るとき、貴族政から僭主政をへて民主政にいたる前五世紀までのアテネ国制の変遷こそ、むしろより普遍的な意味をもつ。細かな経緯や年代はポリスごとに違う。だが多くのポリスにおいて同様の歴史展開が見られ、アテネの影響下に民主政を選びとった例すら少なくない。

アテネ民主政が完成を見るのは前五世紀の半ばであり、ギリシア古典文化が開花するのもその時期である。クレイステネスの改革からほぼ半世紀、その道は必ずしも平坦ではなかった。とりわけ前五世紀初頭、二度にわたるペルシア大軍の来攻は、アテネばかりでなく、ポリス世界そのものの存立をくつがえす危険をはらむものだった。しかしアテネはスパルタとの協力のもとにこの試錬を乗りきり、それを跳躍台としてギリシア第一の強国たるの地位を確保するとともに、民主政の完成へと歩を速めるのである。

オリエントとのつながり

ギリシアの歴史にとって、古代東方、いわゆるオリエントの世界とのつながりは、はなはだ重い意味をもっている。オリエントの西方辺境に生成発展を遂げた独特の二次的文明——ギリシア世界を巨視的にとらえるならば、このようにいい表すこともできよう。ギリシアの文化が、その深層においてオリエントにつらなる部分が多いことは、文字や自然に関する経験的知識や美術の様式に例をとれば明らかである。ギリシア人の眼は、ミケーネ時代以来、絶えず東方に注がれてきたといってもよい。彼らにとって、そこは、よりよい生活のための知識と物資とを供する源であった。

西アジアとエジプト、古代オリエントを構成するこの二つの地域には、古来いくたの専制王国が興起している。その国力はギリシア人が形成してきたあらゆる国家に隔絶して大きい。しかし、ギリシア人にとって幸いとすべきことに、これらオリエントの大国がその触手をエーゲ海上、さらにはギリシア本土に伸ばすことは絶えて見られなかった。狭いうえに資源にも恵まれないこの地域は、海を越えてまでそれを略取する意欲を感じさせなかったのであろう。

ギリシア人にとって、オリエントは得るところすこぶる多く、そことの交渉によって、みずからは失うものとてない、ありがたい存在だった。ギリシア人による小国家の形成と、そこにおける独自の文化の発達も、このようなオリエントとの不即不離の関係があって、はじめて可能であった、ともいえるのである。

この両者の関係に転機を与えたのが、アケメネス朝ペルシアによるオリエント統一である。前六世紀末以降、アレクサンドロスの東征にいたるまで、このオリエント世界最後の大帝国は、ギリシアの政局に陰に陽に絶大な影響を及ぼしつづけるのである。その強烈な第一弾がダリウス一世による征討軍派遣であることはいうまでもない。

イオニア植民諸市の繁栄

ギリシア世界をゆるがすこの大事件の発端は、ミレトスを中心とするイオニア諸市の対ペルシア反乱にあった。

イオニア植民市はアジア大陸の西端にあって、すでに前七世紀からオリエントの専制王国の支配に服していた。はじめは小アジアのリュディアが、ついで前六世紀にはペルシアが、それぞれこの地に宗主権を樹立している。

彼らの支配は苛酷なものではなかったらしい。リュディア時代は、イオニアにとって、むしろ繁栄期であった、といってよい。イオニア諸市はきそって海外に進出し、黒海沿岸やエーゲ海北岸に活発な植民活動を展開するとともに、それを発条《ばね》として、さらに海外との交易活動を強化していった。リュディアのそれにならって、はじめてギリシア貨幣が鋳造されたのも、前六世紀初頭のこの地においてであった。

このように、外に向かって開かれ活力に満ちた環境は、また知的創造のこのうえない温床でもある。先進オリエントの自然に関する経験的知識や宇宙観がこの地に流入し、それらを糧に、ギリシア人たちは、この宇宙を動かす根本原理はなにかについて、思索を深めていく。前六〇〇年ごろから、タレス、アナクシマンドロス、アナクシメネスといった自然哲学者たちを輩出したミレトスが、同時に海外活動の中心でもあったのは、けっして偶然ではない。

ペルシアの支配も、はじめは圧政とは感じられなかったにちがいない。彼らは他民族に対し慎重かつ柔軟に振る舞う術《すべ》を心得ていた。貢租は、経済力にすぐれるイオニア諸市にとって重い負担ではなかったし、宗教政策においても彼らは寛容であった。政権の座にある僭主たちを支え、それを通して間接的に諸市を支配するという巧妙な手段をも駆使している。それだけにまた、僭主政の擁護は、ペルシアにとり、支配体制の要としての意味をもっていた、ともいえる。イオニア反乱も、実はこの一点を核として大きく燃えあがるのである。

イオニア反乱

反乱は、前五〇〇年、ミレトスの僭主アリスタゴラスの自発的辞任と、彼の指導による各市の僭主政廃止運動とによって口火を切られた。ペルシアを動かしてのナクソス島攻囲の失敗が、失脚をおそれるアリスタゴラスをこのような思いきった反ペルシア運動に駆りたてた、とヘロドトスはいう。

この説明に、とくに疑いをさしはさむ必要はなかろう。しかし一僭主の保身欲が、小アジア西岸一帯からキプロスにおよぶ、七年間にわたるギリシア人の熾烈な抵抗の原動力たりえた、と考える者はあるまい。対ペルシア反乱は、この東方の大国を後楯《うしろだて》と頼む僭主たちの支配を否定し、民主政を樹立しようとするイオニア民衆の意志を支えに闘われた、と解される。

だが、サルディス急襲の成功も束の間、ペルシア大軍の反攻は着実に功を奏して、ラデ島沖の海戦からミレトスの陥落にいたり、大勢は決する。イオニア諸市は多大の犠牲をはらったすえ、ふたたびペルシアの支配に服することとなった。しかし戦後、ペルシアの僭主擁立政策には、明らかに変更が加えられるのである。イオニア諸市にとって七年間の反ペルシア運動は、けっして無駄ではなかった。ペルシア支配体制からの離脱を果たすことはできなかったにせよ、僭主政からの解放は、ほぼこれを手にすることができたからである。

イオニア反乱は、ほんの序幕にすぎなかった。反乱の緒戦において、アテネがアリスタゴラスの懇請に応じて二十隻の援軍を派遣し、この一隊がサルディス急襲に参加したことが、ペルシア王ダリウスにギリシア遠征を思い立たせた。ダリウスとその子クセルクセス一世との二代にわたる大規模なギリシア征討軍の派遣、世界の戦史にのこるいくつかの戦闘、それらについては、ヘロドトスの『歴史』が詳しく語ってくれる。

「歴史の父」ヘロドトス

ヘロドトスは「歴史の父」と呼ばれる。それはなぜだろう。広い意味での歴史記述の起源は古く、また、その形態も多様である。オリエントにも王の業績録や王朝の年代記は多数のこされている。神々や英雄の活躍を謳《うた》う叙事詩が民族の最古の歴史を物語ることも、ここで改めていうまでもない。ギリシア人がホメロスの二つの詩篇をもっていることも、すでに詳しく見たとおりである。

しかし、これらの作品には特定の作者の精神の刻印ともいうべきものがきわめて稀薄であ

ヘロドトス

る。過去の時代なり事件なりのもつ意味を、作者の主観を通して問いただす。ここにはじめて真の歴史が生まれる。事実は取捨選択され、作者の史観のもとに再構成されなくてはならない。伝承や記録の類から、いかに真実をつかみ出すか、そこにもすでに作者の眼が働いて然《しか》るべきである。ヘロドトスの『歴史』は、このような条件を備えた最初の作品であった。

『歴史』はペルシア戦争の歴史である。それはどのような経緯をもって起こり、どのように戦われ、また、どのような事態をギリシアにおいてひき起こしたか。両国の衝突の底流にあったものはなにか。その綿密な叙述がこの作品の主な内容をなしている。

しかし、『歴史』は必ずしも全編緊張にみちた戦史ではない。ことに前半部では、東方各地をひろく旅行したヘロドトス自身の見聞が見事に生かされ、オリエント世界にまつわる興味深い風俗誌的記述が随所に見られる。そのさい、伝承を無批判に受け容れて、面白い話を饒舌《じょうぜつ》に語る弊がないではない。そうした叙述のうえでの厳密さの不足は、本来の戦史についても指摘することができる。それがこの史家の欠点である。たとえば両軍の兵力に関しても、彼は途方《とほう》もない数字を平気であげるのである。

『歴史』はペルシア戦史研究のための第一級の史料である。しかし、専門家たちはその記事のすべてを必ずしも鵜呑《うの》みにしない。たしかに、戦争の記憶がいまだ消えやらぬ戦後数十年の間に、この『歴史』のような詳細な戦史が書かれたのは、僥倖《ぎょうこう》であった。だが細かな事実となると、今日、学者の説が分かれ、真実をとらえがたい場合が少なくないのである。

スパルタ＝アテネ連合

ペルシア戦争は、前四四九年の、いわゆる「カリアスの平和」によって正式に終結する。大勢を見ると、ペルシア軍のギリシア本土撤退後は、ギリシア側が優勢で、東エーゲ海方面へのギリシア艦隊の進出と活躍が著しい。しかし歴史的に大きな意味をもつのは、むろん前四九〇年のマラトンの戦いと、前四八〇年のサラミス海戦および翌四七九年のプラタイアイの戦いであって、ヘロドトスが主題とするところも、この二度にわたるペルシア軍のギリシア本土来襲にほかならない。

ダリウス一世による第一回ギリシア派兵の目標は、先のイオニア反乱に援軍を送ったアテネと、エウボイア島の有力市、エレトリアとの二つであった。このペルシアの報復行動には、それなりの名分がある。

僭主政を倒し、政権を握ったアテネのクレイステネスは、スパルタとの対抗上、ペルシアと誼《よしみ》を通じていた。だから、前四九八年のイオニアへの援軍派遣は、ペルシアからすれば、この友好関係への裏切りにほかならなかった。前六世紀末以降、アテネの政局は対ペルシア関係を一つの軸として動いたといってもよい。追放された僭主ヒッピアスはペルシアにあって、その後楯を頼りに返り咲きを狙っている。国内には、かつての僭主派の残党がなお健在であり、彼らは、いまや旧敵アルクメオン家と、親ペルシアという一点で手を結ぶにいたっている。

しかし、反ペルシア派もこれに劣らず強力であった。マラトンの英雄ミルティアデスや、サラミス海戦の知将テミストクレスがこの派のうちに数えられる。両派の対立は個々の有力者の政権への思惑、ペルシア側の動きとそれに対するアテネ民衆の反応などと複雑にからみ合い、アテネの外交と内政に、ときに応じて波紋を投げる。振子は、あるいは右へ、あるいは左へと揺れる。イオニア派兵もその一齣《ひとこま》にすぎなかった。

しかし、前四九三年にテミストクレスがアルコンに就任し、ミルティアデスがトラキアのアテネ植民市から引き揚げてくると、反ペルシア派の優勢は動かぬものとなった。アルクメオン家を中心とする親ペルシア派は政治の表面から退き、アテネは、内部に対立を秘めながらも、一致してペルシアの来寇を迎えることになる。それはまた、スパルタとの協力を是とする方向に国論を統一することでもあった。ここに、反ペルシア戦線の枢軸ともいうべきスパルタ＝アテネ連合が成立するのである。

マラトンの戦い

前四九〇年九月、ペルシア軍団は、アッティカ東北部マラトン平野の沖に姿を現した。艦船約二百、搭乗する兵は推定約四万。そのなかに、かつての僭主ヒッピアスの姿もあった。彼はペルシア軍の案内人でもあり、また親ペルシア派糾合《きゅうごう》のためのシンボルでもあった。

一方、アテネ民会はミルティアデスの建議にしたがい、マラトン平野での迎撃を決定する。スパルタに援軍依頼の使者が走る。しかし、おりしもスパルタは祭の最中で、掟《おきて》により、満月以前の出動は不可能だという。アテネ軍九千は、ボイオティア地方の友邦プラタイアイの兵一千とともに、単独でペルシア上陸軍約二万と対峙《たいじ》しなければならなかった。

ここでもミルティアデスの軍略がものをいった。マラトン到着後数日、戦局の長期化がアテネ側の結束の乱れを誘発するのを怖れたミルティアデスは、スパルタ軍の来援を待たずに攻撃に移ることを主張して軍議を制した。そして、騎兵と弓兵をもたず、兵力も少ないギリシア側は、重装歩兵からなる隊形に臨機の工夫を加え、激戦のすえ、ペルシア軍に大打撃を与える。ペルシア側の戦死者約六千四百に対し、ギリシア側わずかに百九十余であったという。

マラトンの戦いは、ギリシア重装歩兵戦術があげた最大の成果であった。と同時に、それは、クレイステネスによって基礎をすえられたアテネ民主政と、それを支える重装歩兵市民たちの勝利ともいえた。

アテネの内部抗争

しかし、これでアテネ国内の結束が強化されたわけではなく、とりわけ指導者間の対立は、なお険《けわ》しかった。その点で、ヘロドトスの伝える楯の合図のエピソードは、示唆的である。

マラトンで敗退し、船に乗り移ったペルシア軍に、陸上から楯でひそかに合図を送る者があった。アテネ市内でペルシア側に内通する者あり、という報せである。これを受けてペルシア艦隊は急遽《きゅうきょ》、船首を南へ向け、スニオン岬を回って中心市アテネを直接衝《つ》く戦法をとった。しかしアテネ軍も、戦勝に酔う暇もなく、強行軍をもってマラトンからアテネ市内に入り、防備を固める。外港ファレロンの沖に姿を現したペルシア艦隊はこれを見て上陸を断念し、帰国の途につくのである。

楯の合図を送った者はだれか。アルクメオン家一族ではないか、という噂が流れたことを、ヘロドトスは伝えている。親アルクメオンの立場をとる史家はこの説に否定的であるが、当時の対ペルシア関係をめぐるアテネ国内の潜在的対立からみて、内応はありえないことではない。

外からの脅威が去ると、対立抗争はいっそう激しくなった。マラトンの英雄で反ペルシア派の大立者ミルティアデスが、戦いの翌年、パロス島遠征の失敗をアルクメオン家一門のクサンティッポスに衝かれ、失脚する。

そして前四八七年には、陶片追放がはじめて施行され、こんどは逆に、ペイシストラトス家につながるヒッパルコスが、その翌年にはアルクメオン家のメガクレスが追放されている。ペリクレスの父であり、ミルティアデス失脚の立役者クサンティッポスも、前四八四年、同じく追放の対象となった。両派の争いは、どうやら、反ペルシア派優位のうちに推移したらしい。

テミストクレスの先見

ミルティアデスの失脚後、反ペルシア派の指導者としてアテネ政界を牛耳《ぎゅうじ》ったのは、かのテミストクレスであった。彼は先見の明に富み、豪胆不敵、卓越した機略と政治力の持ち主であった。中小貴族の出でありながら、なみいる名門出身の指導者を押しのけて、アテネ第一の実力者にのしあがったのも、まったくこのような政治家・軍事指導者としての資性と努力とによる。

前四八三年、アッティカ東南のラウリオン銀山で大鉱脈が発見され、国庫が大いに潤《うるお》ったときも、彼は慣習にさからって、余剰金を市民の間に分配することに異をとなえ、これを富裕者に貸し付けて百隻（別の伝えでは二百隻）の艦船を建造させることに成功した。テミストクレスは、隣国アイギナとの争いを口実に、しぶる市民たちを説得したが、その真意は、ペルシアの新たな来寇に備えることにあった、という。そしてこのとき、同じ反ペルシア派の指導者ながら、彼の海軍第一主義に反対するアリスティデスを、陶片追放で切りすてる離れ業《わざ》をも演じているのである。

クセルクセスのギリシア遠征

テミストクレスの見通しは正しかった。ペルシアではダリウス一世が世を去り、代わって即位したクセルクセス一世が、父王の遺志をついでギリシア遠征の計画を着々と進めていた。アクテ半島の基部に運河が切り開かれ、ヘレスポントス（ダーダネルス海峡）には船橋がかけられた。アジアの大王の威力をまざまざと示す大工事である。駆り集められた兵力も、第一次遠征をはるかにうわまわるものだった。陸上部隊約二十万。軍船六百隻。これにほぼ同数の輸送船が加わる。

前四八一年夏、クセルクセスは大軍を率いて首都スサをたった。この報が伝わると、ギリシア諸市はコリントに代表を送り、スパルタを中心に対ペルシア連合を結成した。だが、ギリシア側の足並みは、必ずしもそろわない。アルゴスやテーベなど有力市のなかにも、中立を標榜《ひょうぼう》したり、ペルシア側についたりするものが出る始末である。しかし、スパルタとアテネとが緊密に手を結ぶことができたのは、ギリシア側にとってなによりの強みであった。

ギリシア連合の戦略の決定に主導的役割を演じたのは、テミストクレスである。各国の利害の錯綜するなかで、よく大勢を見きわめ、的確な策を立ててこれを実行に移す、その手腕は群を抜いていた。

アルテミシオン沖の海戦

テミストクレスの主張する戦略は、エウボイア島北端のアルテミシオンと中部ギリシア北端の要衝テルモピュレとをつなぐ線を本土防衛の要《かなめ》とする、というものであった。ダーダネルス海峡を渡ってトラキア南岸を西進し、マケドニアを南下して、さらにギリシア本土をうかがうペルシア軍を、要害テルモピュレの地でくいとめる――これがテミストクレスの狙いだった。

そのためには、ギリシア海軍をアルテミシオン沖に集結させ、側面からテルモピュレを守ることが必要である。しかしこの策は、コリント地峡を防衛線とすることを主張するペロポネソス勢の案と真っ向から対立する。テミストクレスは、アテネ軍の一部をアルテミシオンに投入する決意を明らかにして、かろうじて全軍の合意をとりつけることに成功する。この策を実行に移すには、重装歩兵たりうる中堅市民も、その資格をもたない下層市民も、戦闘能力あるアテネ男子市民は全員、船に乗り込む必要があった。アッティカ全土の防備が放棄され、老幼婦女子はすべて対岸のトロイゼンとサラミス島に避難を開始する。

ヘロドトスは、アルテミシオンの海戦ののち、迫りくるペルシア大軍を前に、アッティカの疎開方針が決定された、と伝える（『歴史』八巻四〇〜四一章）。しかし事実は、アルテミシオンへの艦隊派遣に先立ってそれはなされた、と解した方がよいようである。そのことを裏づける史料が、いわゆるテミストクレスの決議を録する碑文である。

碑文「テミストクレスの決議」

この碑文は、一九五九年、トロイゼンでアメリカの学者ジェイムソンによって発見されたもので、そのテキストが公表されたのは翌一九六〇年であった。それによれば、テミストクレスは民会の席上で動議を提出し、老幼婦女子の疎開、戦闘要員の艦船への乗り組み、アルテミシオンへの出撃などを決定させた、という。決議の内容はすこぶる詳細なもので、ペルシア戦争の決定的瞬間の一つを垣間《かいま》見せる史料として、その価値は高い。

しかし実は、この碑文の信憑《しんぴょう》性をめぐって、専門家の間では、深刻な論議が交されている。字体から見て、碑の刻まれた年代は、どうやら前三世紀らしい。問題は、それが前五世紀のアテネ民会決議を基に彫られたものかどうかである。学者の議論は微細にわたり、真作説と偽作説とが交錯して、真実は容易に定めがたい。結局、何人かの有力な専門家の説く、つぎのような折衷案がもっとも的《まと》を射ているといえるのではなかろうか。

碑文は前五世紀のアテネ民会決議を忠実に伝えるものではない。決議原文がなんらかの形で残され、それを転写したものとは考えられないのである。かといって碑文に見えるテミストクレスの決議をまったくの偽造文書であると解するのも行き過ぎである。すなわちこの碑文は、もとの決議の骨格を伝える記録があって、それを基にして刻まれたと想像するのが妥当である。

トロイゼン出土碑文の史料価値を基本的に認める場合、そこから得られる最大の新知見は、アルテミシオンの海戦以前に、アテネの疎開がテミストクレスの主導のもとに決定された、という点である。ギリシア諸市のなかで飛び抜けて史料に恵まれ、細かいことまで比較的よくわかるアテネの場合でも、前五世紀前半にまで遡ると、不確実な事項がとたんに多くなる。同時代の確実な史料にとぼしいということが、その時代の再構成にとってどんなに不利な条件をもたらすか。それを、右のアテネの事例は端的に示すといってよい。

「テミストクレスの決議」碑文

サラミスの海戦

前四八〇年夏、ペルシア陸上部隊はテッサリアに入り、さらに中部ギリシアをうかがった。この報を得て、ギリシア側は、テルモピュレ・アルテミシオン防衛線に陸海両軍を出動させる。同年八月、戦いは海陸双方において三日間にわたり行われた。

その結果、アルテミシオン沖の海戦はどちらの勝利とも断定できなかったが、テルモピュレの険をめぐる攻防は、ペルシア軍の勝利に帰する。ギリシア守備軍の中核をなしたレオニダス麾下《きか》のスパルタ市民兵三百の奮戦もむなしく、頼みの天険は抜かれ、ペルシアの大軍はボイオティアを制し、アッティカに侵入する。アッティカ全土がペルシア軍の蹂躙《じゅうりん》に委ねられ、アクロポリスも破壊される。

これより先、テルモピュレでの敗北を知ったギリシア艦隊は急ぎ南下し、アッティカ半島を回って、サロン湾内サラミス島に集結した。ペルシア艦隊もこれを追ってサロン湾に入り、アテネの外港ファレロンの沖合に投錨する。きたるべき両艦隊の決戦の帰趨《きすう》こそ、ギリシア側にとって、本土防衛成否の鍵ともいえた。軍議はまたしても割れた。ペロポネソス諸市は例のごとくコリント地峡部での決戦を主張する。これに対してテミストクレスは、敵艦隊をサラミス水道に引き込んで、艦首を敵の船腹に打ちあてるギリシア独特の戦法を活用することを提案して譲らない。

ここでテミストクレスは、いかにも彼らしい思いきった策を打った。自分の奴隷をひそかにペルシア側に送り、ギリシア艦隊が今にもサラミスから逃走しようとしていること、しかも内部に分裂がおこり、テミストクレスをはじめ、親ペルシア派の内応が期待できる旨を告げさせたのである。ペルシア艦隊は、この罠《わな》にはまり、テミストクレスの思惑どおり、サラミス水道の狭い水域に侵入してきた。前四八〇年、九月も下旬のことである。

海戦は夜明けとともに始まって、終日つづいた。限られた水域に閉じこめられたペルシアの大艦隊は、得意の船足の速さを発揮するいとまもなく、ギリシア軍の衝角《しょうかく》戦法の餌食《えじき》となって壊滅した。敗残のペルシア艦船はファレロンに集結し、翌日ダーダネルス海峡へ向けてたつ。アッティカ占領の陸上部隊もボイオティアへの撤退を余儀なくされた。

自由な市民たちの勝利

サラミス海戦を陸上の高みから観戦していたといわれるクセルクセス一世は、失意のうちに兵を率い、トラキア経由で帰国の途につく。陸上部隊の一部は、マルドニオスの指揮のもとギリシア北辺にとどまり、翌年ふたたびアッティカ侵入を企てるが、これもボイオティアのプラタイアイにおいて、スパルタのパウサニアスの指揮するギリシア連合軍の重装歩兵戦術のまえに潰《つい》え去った。同じころ、イオニアのミュカレ岬でも、上陸したギリシア軍が大勝を博し、イオニア諸市独立への端緒をひらいた。

ギリシアはスパルタとアテネの協力を軸に、数において圧倒的にまさるペルシア軍の侵攻をよく防ぎきった。自由な市民たちからなる小国家の連合が、専制王をいただく東方の大帝国との戦いに二度にわたって勝ち、独立をまっとうした、その歴史的意義はまことに大きいと評さなくてはならない。

この戦いにギリシアが敗れていたならば、オリエントの専制君主の支配のもとで、ポリス市民の自由と平等は、また、それとわかちがたく結びつくギリシア古典文化は、われわれが現に見るような形での展開を遂げなかったであろう。それはのちのヨーロッパの歴史の歩みにも影を落したにちがいない。

ポリス世界の存立を根底から揺り動かすような対外的危機、それは少なくとも、反ペルシア連合に結集した諸市の間に、ギリシア人としての共通の民族意識の昂揚《こうよう》をもたらしたであろう。それを支えとして戦い、勝利を収めたことによって、彼らの民族的自覚はさらに深まる。それは、ギリシア全土にひろがり、前五世紀におけるギリシア発展の原動力ともなるのである。

一人の専制王とそれに隷属する臣民たち――これがアジアだとすれば、ギリシアとは、他人の支配に屈しない、自由闊達《かったつ》な市民たちの世界である。両者の対立を、ギリシア人は本質的にそのようなものとしてとらえる。そして、それは彼ら自身の生き方に対する確信へとつながる。ヘロドトスの『歴史』全編に鳴り響く基調底音もまた、それにほかならない。

ギリシア連合の新たな盟主アテネ

ペルシア戦争の勝利は、前五世紀におけるギリシアの政治・経済・文化の発展の跳躍台となった。とりわけ、アテネについてその感が深い。

二度にわたるペルシアの来寇を撃退するにさいして、この国が演じた役割はことのほか大きい。第二回来襲を迎えて、アテネがテミストクレスの指導のもとに海軍力を充実させるに成功していたこと、このことがもつ意味は絶大である。テミストクレスの機略とあいまって、アテネ海軍が、ギリシア側の中心として、サラミス水道でペルシア艦隊と対等に戦いうる実力を備えていたことが、結局ギリシアを救った。

スパルタは反ペルシア連合の盟主的存在であり、事実、アテネとの協力のもとに、それなりの働きを示してはいる。しかし衆目の見るところ、アテネこそギリシア諸国第一の功労者であった。戦後、アテネの声望はとみに上がる。前四七七年のデロス同盟の成立は、まさにその結果である。

前四七八年、プラタイアイの戦いの勇将パウサニアスは、ギリシア艦隊を率いてキプロスを制し、さらにビュザンティオンの攻略にも成功した。しかし、彼の尊大な態度は連合加盟諸市の反発を招き、その責を問われてスパルタ本国に召還される。スパルタが彼にかえて送りこんだ後任者も衆望を集めるにいたらず、ここでギリシア連合の統率権は、加盟諸市のつよい希望によって、アテネの手中に帰するのである。

ペルシアはギリシア本土から大軍を撤収したものの、その大国としての実力には、なお侮《あなど》りがたいものがある。ふたたび西方をうかがう惧《おそ》れなしとしないのである。ギリシア側としては、防備態勢をいささかもゆるがせにすることができない。ペルシアとじかに接する小アジア西岸、およびその前面の島々に住むギリシア人の同盟強化への願いは、ことに切実であった。

このような機運のなかでアテネは積極的にギリシア防衛体制の再編に乗り出す。マラトン・サラミスの戦勝に支えられた自信が、スパルタに代わる新たな指導者としての地位をアテネに求めさせたともいえよう。

デロス同盟

前四七七年、アテネはエーゲ海域の諸市を糾合して、それまでのギリシア連合とは質的にことなる、強力な攻守同盟を結成する。盟主としてのアテネの地位は明らかである。いまやアテネは、ペロポネソス同盟に拠るスパルタと対等の位置に立つことになった。同盟の本部は、そのアポロン神殿のゆえに全ギリシア的な尊崇をあつめる宗教的中心地デロス島に置かれた。同盟会議がすべてを決するが、そこにはアテネの意向がつよく反映する。加盟諸市は艦船・兵員を出すか、さもなければ、それに代わる貢租を支払う。同盟の金庫もデロスに置かれ、これを管理するのは、アテネ選出の十人の同盟財務官であった。

デロス同盟の結成に、テミストクレスがどの程度その影響力を行使したかは明らかでない。史料は一致してアリスティデスの貢献を伝える。テミストクレスとの対立に敗れ、陶片追放に遭ったアリスティデスは、前四八〇年の大赦で帰国したのち、それまでのゆきがかりをすててテミストクレスに協力し、ペルシア軍撃退のために献身している。

彼は人柄においても、テミストクレスとかなり対照的な存在だったようで、その公正廉潔を伝える逸話はかず多い。彼の特性は、デロス同盟結成当時の貢租額査定に首尾よく発揮された。

デロス同盟発足当時の事情は、多くの点で学者の議論を呼んでいる。当初どの程度、諸ポリスの加盟を見たかも、実は定かでない。レスボス・キオス・サモスといった小アジア前面の島々は別として、小アジア本土のギリシア植民市はそこに含まれなかったとする意見もとなえられている。しかし、デロス同盟の成立が以後のギリシア世界の動向に与えた影響は、はかりしれないほど大きい。

デロス島

ペルシア戦争勝利の原動力となったスパルタとアテネの協調関係は、こののち、しだいに冷却化する。本来閉鎖的な国家体制をもつスパルタは、アテネの地位向上にみずからの負担の軽減を読みとって、これを黙認する態度を示したが、両国の勢力均衡は、早晩、対立と衝突をひき起こさずにはいない。デロス同盟内のポリス間の関係にも、アテネの実権強化にともなって変化が生ずるはずである。エーゲ海域での紛争とアテネによるその鎮圧のくりかえしが、そのことを証する。

デロス同盟の成立と変質は、アテネ自体にも深刻な影響を及ぼす。対スパルタ関係、あるいは対加盟諸市との関係が内政にはねかえるというばかりでなく、アテネ国家の存立そのものが、デロス同盟に依存するにいたるのである。これらの諸点については、節を改めて考えることにしたい。

2　ペリクレスの時代

下層市民の台頭

ペルシア戦争は、アテネをスパルタと対等の地位にまで押し上げた。勢いに乗ったこの国のその後の発展はめざましい。いくたの曲折をへて、ペリクレスのもとにポリス民主政を確立し、古典文化の盛期を現出させる。そのうえ、東地中海の交易の中心として、経済的にも繁栄の一途《いっと》をたどるのである。

マラトンおよびサラミスの戦いは、ともにアテネ将兵の機略と勇武とを天下に示した、戦史にまれな大勝利であった。しかし十年の歳月をへだてた両会戦が、それぞれアテネ史のうえにもつ意味を考えるとき、そこには無視できない差異が認められる。それは、ひとことでいえば戦いの主役のちがいである。

マラトンの戦いで活躍したのは、中堅以上の市民からなる重装歩兵たちであった。これに反し、前四八〇年、第二回のペルシア来寇にさいしてものをいったのは、アテネの海軍力である。その決定的瞬間において、戦士たる市民男子は階層のいかんを問わず、すべて海上に浮んだ。そこでは、搭乗戦闘員として艦船に乗り組んだ重装歩兵よりも、漕ぎ手である下層市民の働きの方が、戦いの推移に決定的な意味をもった。

このことが以後のアテネの政治の在り方に及ぼした影響は大きい。下層市民たちがただちに政治の主役にのしあがったわけではない。しかし、ギリシア防衛に大きな役割を果たし、その発言力を強めつつあった彼らの動向を無視することは、もはやだれにもできない。覇権を競う有力者のうち、このような歴史の潮流を見定め、それに棹《さお》さした者が終局の勝利をおさめるのである。アテネ民主政の確立とは、その結果にほかならない。

テミストクレスの最期

前五世紀前半、民主政確立期のアテネでは、何人かの個性的な政治家が登場し、それぞれの役割を果たしおえては姿を消していった。そのなかでも際立《きわだ》つ存在は、やはりテミストクレスであろう。彼が精力的に推進した海軍力増強政策と、その結果をふまえての果敢な作戦指導は、ギリシアに勝利をもたらしたばかりでなく、アテネ民主政の前進にとってもきわめて大きな意味をもった。しかし、その彼にしても、ミルティアデスと同じく、終わりを全《まっと》うすることができなかった。前四七〇年ごろ、陶片追放にあってペロポネソス半島北東のアルゴスにおもむいたテミストクレスに、さらに追い打ちの手がかかった。

このころスパルタでは、例の召還問題をひきおこしたパウサニアスが、ペルシアとの内通を疑われて窮死している。彼は追放中のテミストクレスに陰謀参加を呼びかけたらしい。その証拠が見つかり、これがスパルタの攻撃と政敵アルクメオン家による告発とを呼んだ。

テミストクレスは逮捕を逃れてギリシア各地を流浪し、その果てに、ペルシア王の宮廷に入る。かつて戦場で手玉にとった当の敵に救いを請う。いかにもテミストクレスらしい死中に活を求める奇策であった。王アルタクセルクセスはこの旧敵に、マイアンドロス河畔のマグネシアほか小アジアの二、三の都市を所領として与えて厚遇する。前四六〇年ごろ、テミストクレスはマグネシアで死んだ。病死とも自殺ともいわれる。

テミストクレス失脚の原因はなにか。明敏な反面、策謀に長《た》け、権力や金銭にも恬淡《てんたん》としていたとはいえない彼に、敵の少なかったはずがない。しかし彼が一般市民の支持を失い、陶片追放をこうむった裏には、権力争いとからむ政策上の対立がひそんでいたとは考えられないだろうか。問題の焦点は対スパルタ関係にある。テミストクレスの反スパルタ的態度が民衆の支持を得られず、結局、政治家としての生命を断たれた、と想像される。

前四七八年、彼はスパルタの根強い反対を押し切り、中心市アテネを囲む城壁の再建強化を完遂している。そのさい、みずから使節としてスパルタに乗りこみ、策を弄《ろう》してこの事業を強行したテミストクレスの脳裡に、ペルシア来寇への対応策のみがあったとは、簡単にいいきれない。

デロス同盟の結成にテミストクレスの意向が反映しているとすれば、そこにも同じことがいえるかもしれない。のちに、パウサニアス陰謀事件に連坐の確証ありとして、スパルタ側がテミストクレスの処罰を強硬に要求したのも、このような彼の存在を危険と見、その政界への影響力を根絶させようとの意図から出たものと推測されぬでもないのである。

親スパルタ派キモン

以上のような一連の推定があたっているとすれば、テミストクレスは、前四七〇年代前半に、早くもきたるべきアテネ・スパルタの対決を予見していたことになる。しかしスパルタが、いまだギリシア第一の強国の地位を保持していた当時にあって、テミストクレスの反スパルタ的姿勢は市民たちを納得させるにいたらず、むしろ危険視されたものと思われる。

ペルシア戦争以来の親スパルタ的政策がなおアテネ外交の基本にあった。この潮流に乗って、テミストクレスの勢威がおそらく下降しはじめたと思われる前四七〇年代半ば以降、アテネ政界で頭角を現したのがキモンである。

キモンは、前四七〇年代初頭以来、アリスティデスとともに東エーゲ海にあって、同方面でのペルシア軍との戦いにしばしば戦功をたて、その軍事的才能を遺憾なく示した。ミルティアデスの子としてアテネ有数の名門富裕の出である彼は、生来、政治的には保守的な意見の持ち主で、かつ頑固な親スパルタ派であった。

しかし、テミストクレスの失脚は、必ずしもキモンの独り舞台を約束するものではなかった。テミストクレスの反スパルタ政策は、エフィアルテスあるいはペリクレスといった人々のなかに後継者を見いだすのである。しかも彼らは国内政治においても民主政推進の旗印をかかげ、キモン一派と対立する。

前四六〇年代は、将来にわたってのアテネの内政および外交の基本方針をめぐる厳しい対決の時期であった。この対決に決着をつけ、アテネの対外的勢威を確立するとともに、ポリス民主政を典型的に実現することに成功した立役者こそ、他ならぬペリクレスであった。

ギリシア最盛期の象徴ペリクレス

その人の生涯に一つの時代が集約的に表現されるような人物——最盛期のギリシアにこれを求めるならば、ペリクレスをおいてほかにないであろう。彼は、アテネをギリシア世界の中心たらしめ、その国政を長期にわたって指導して、古代民主政の範を示した。政治家として偉大であったばかりでない。古典文化の高峰をなす哲学・文学・美術各分野の巨人たちと親交があり、みずからも人格・識見ともにひときわすぐれていた。ペリクレスの一生をたどることは、すなわち、前五世紀中葉、絶頂期のギリシアの歴史と文化を語ることにほかならないのである。

ポリス民主政の確立者としてペリクレスの名は高い。しかし彼も、民主政初期の政治指導者すべてがそうであったように、貴族の出である。ミルティアデス弾劾に活躍したあのクサンティッポスを父とし、また、クレイステネスの姪《めい》アガリステを母にもち、女系を通してアルクメオン家ともつながる名家の出身であった。

アガリステが獅子を産み落す夢を見た数日後にペリクレスは生まれた、という。身体の均整は申し分なかったが、頭が長すぎ、これは後年ペリクレスの彫像をつくる人々にとっても悩みの種だった。彼の像のほとんどが兜《かぶと》をつけているのは、この欠点を隠すためである。

ペリクレス

ペリクレスの師はダモーンという音楽家である。この人はソフィストとしても一流で、すぐれた才幹の持ち主であったらしく、のちにはペリクレスの政策ブレーンの役をも果たし、陶片追放に処せられたこともある。ペリクレスはまた、南イタリアのエレア出身の哲人ゼノンの講義も聴いたといわれるが、とくに親しみ、そこから人格形成の糧を汲みとったのは、クラゾメナイのアナクサゴラスであった。イオニア出身のこの高名な自然哲学者との交わりは後年までつづき、彼の重厚で理知的な人柄を培《つちか》うのにあずかって力があった。

キモンとペリクレス

若いころ、ペリクレスは政治の舞台にのぼることをむしろ避けていた、とプルタルコスは伝える。彼は、僭主ペイシストラトスに、姿や声、それに弁舌さわやかなところまで似ていた。そのうえ、財産・家柄・人的つながり、そのいずれをとっても欠けるところがなかったので、僭主の座に就こうとする野心があると疑われ、そのために陶片追放にかけられる惧れがないでもなかったからだという。しかし、やがてこのような危惧が、ペリクレスをして、逆に民衆に近づかせることになった。政界の第一人者キモンへの対抗意識も、ペリクレスの態度決定への一つのきっかけをなした、ともいわれる。

門地において並ぶ者のないキモンは、またきわだった富の所有者であった。彼は、その上品で洗練された人柄によって人望を得ていたが、民衆のために財を散ずることでも有名だった。同じデーモス（区）に属する市民たちは、だれでも彼の家に行って施しを受けることができたし、その土地には囲いがなく、果実をもぎ取ることも勝手だった、とアリストテレスは伝える。

これをたんなる人気とりと見ては誤りとなろう。自分の勢威のもとにある民衆に、求められれば施しと保護とを与える反面、必要とあらば彼らを政治的に動員することも辞さなかった、貴族政期の名門貴族の面影をむしろそこに認めるべきであろう。それは、トラキアで、およそ非ポリス的な、王ともまごう支配を行っていたといわれるミルティアデスの嫡子に、ふさわしい生活態度であった、ともいえよう。キモンがスパルタにつよい親近感をもち、民主政推進に消極的な貴族派の立場をとったのも、ゆえなしとしないのである。

ペリクレスはアテネ政界にみずからの存在を鮮明に示し、政治家としての地歩を築くために、このようなキモンと対決する道をえらぶ。

そもそも同じ名門貴族の出といっても、ペリクレスの生活はキモンのそれにくらべると、かなり趣を異にしていたのではなかろうか。政界の第一人者になったのちのこととして、プルタルコスの伝えるところにしたがえば、家計の処理の仕方にしても、冷徹なまでに合理的であったようである。新しい開明的な貴族、それがペリクレスの素顔だったのではないか。だからこそ、時代の動向を察知し、民衆の権利の伸長に抵抗を覚えることなく、むしろ彼らの主張や利益を代表する形で政敵に対抗して、ついにゆるぎない地位を築くにいたるのである。

エフィアルテスの改革

ペリクレスのアテネ政界での活躍は、前四六三年、タソス遠征から帰還したキモンに対すゆる弾劾をもって始まるが、その存在にいっそうの重みをくわえたのは、翌四六二年の、いわゆるエフィアルテスの改革ののちであった。

これよりさき、前四六四年、スパルタに大地震が発生した。地震そのものによる被害も甚大だったが、それに加えてスパルタにとってアキレスの腱ともいうべきヘロットの反乱がおこった。窮地に立ったスパルタは、前四六二年、アテネに援軍を請う。アテネ国内の反対を押しきり、この要請にこたえ、みずから重装歩兵四千を率いてスパルタに赴いたのは、いうまでもなくキモンである。

ところが、この貴族派の巨頭の留守を衝いて、民主派の領袖エフィアルテスは同志のペリクレスと謀《はか》り、貴族勢力の牙城アレオパゴス評議会の実権を奪う挙に出た。この会議は、クレイステネスの改革ののちも、裁判権の一部と、執務審査を核とする広汎な役人監督権とを保持して、国政の執行に絶大な影響を及ぼしていた。

ペリクレスらは、前四六二年のクーデターによって、殺人事件に関する裁判権や、若干の宗教上の権限をのぞき、この会議に属する他の権限を、すべて五百人評議会、民会それに民衆法廷に移管することに成功したのであった。ソロンの改革に端を発し、クレイステネスの時代にいちじるしい前進をとげたアテネの民主政への歩みは、ここに一応の完結を見ることとなる。

このようにアテネ民主政の成立史のうえで画期的な出来事であるにもかかわらず、エフィ

プニュックスの丘 ここでアテネの民会が定期的に開かれた。中央は演壇

アルテスの改革の詳細は、史料上の制約があって、必ずしも明らかではない。エフィアルテス自身の伝記的事実にしても、ほとんど知られていない。そのような事情から、この改革については、近年さまざまな見解が出されている。

　このときに、筆頭アルコンをはじめとする高位の役人の裁判権が廃されたとする意見や、五百人評議会の内部構成に重大な変化を見たとする推測が行われる一方、民主政成立史という観点からみるよりも、アテネの対外政策の転換との関連でこの改革の意義をとらえるべきだという主張も提出されている。

　対外政策の転換とは、アテネ国内でようやく論議が喧《かまびす》しくなっていた対スパルタ政策が、この改革ののち、親スパルタ的なそれから、対スパルタ積極策へと変化を見せた事実をいう。しかし、このような見方を提唱する人々も、アレオパゴス評議会からの一連の権限剝奪《はくだつ》の事実そのものは認めている。またそのような大きな国制上の変革があって、はじめて対外政策の転換もおこりえたはずである。いずれにせよ、この改革が、結果として国政全般に変化をもたらし、アテネ民主政の確立を促すものであったことは動かしがたいといってよい。

ペリクレスの対民衆政策

アテネ国内で、民主派は一転して優位に立った。しかもキモンは、アテネ軍の存在が反乱を助長するとの危惧をもったスパルタ側に帰還要請をつきつけられて帰国し、とたんに陶片追放に処せられる。また、同じころ、エフィアルテスも反対派によって暗殺され、ここに、ペリクレスはアテネ政界第一の有力者として、内政・外交・軍事に指導的役割を演ずるようになるのである。

しかしペリクレスの地位は、まだ安泰というには、ほど遠かった。前四六一年、キモンが追放されると、アテネとスパルタとの関係が悪化し、翌年ついに、両国は戦端を開くにいたった。

戦火はデロス同盟・ペロポネソス同盟双方の加盟諸市をまきこみ、拡大する。ペルシアの動きをにらみながら、スパルタに対抗する苦心の二正面作戦のなかで、ペリクレスはキモンを追放先から呼びもどし、彼にスパルタとの和平交渉を委ねざるをえなかった。

エフィアルテスの改革後も、貴族派の勢力はなお執拗に抵抗を企てた。キモンの姻戚にあたり、内政に堪能《たんのう》な政治家として声望高いトゥキュディデス（同名の歴史家とは別人）が、キモンを継いでペリクレスと対立する。

ペリクレスは民衆を自派にひきつけるために、さまざまな手を打った。民衆法廷の審判人のための日当を創始し、ディオニュシア祭にともなって催される演劇のための観劇手当も設ける。ソロンの四等級のうち、第三の農民級にまでアルコン職就任の資格が認められるようになったのも、前四五八年のことである。ペリクレスはまた、土地に恵まれぬ下層市民たちを、トラキア地方、エーゲ海の島々、それに南イタリアなどに入植者として送り出すのに骨を折った。

ペリクレスの市民権法

しかし、ここにもう一つ、ペリクレスの仕事として忘れてならないものがある。それは、前四五一年に彼の提案で民会を通過した、アテネ市民権の取得資格に関する法である。

このときまで、アテネ市民であるためには、父がアテネ人でありさえすれば、母は他のポリスの出身者でも、非ギリシア人でもよかった。現に民主政成立期に活躍した有力な政治家のなかに、このような生まれの者が見いだされる。クレイステネス、テミストクレス、キモンなどがそうである。しかしペリクレスの法によって、前四五一年以後に生まれた者については、両親ともにアテネ人であることが市民権取得の必要条件となった。

ペリクレスがこの法を提案した意図に関して、専門家の間ではさまざまな臆測がなされている。アリストテレスの見解を受け容れて、市民人口の増加を抑えるためと見る学者が多いが、反対派のキモンやトゥキュディデスの勢力を削《そ》ぐためとする者もないではない。

この法は、その後、施行を停止した時期もないではないが、少なくとも前四世紀の末ごろまで、アテネ市民団の構成を定める基本的な法として生きつづける。一体、ペリクレスの法はわれわれになにを語りかけるだろうか。しかし、それに答えるには、この時代のアテネで完成を見た民主政ポリスの在り方を、おおざっぱにでも捉えておくことから始めなくてはならない。

自由と平等の市民

この時期のアテネにおいて、市民相互の間での政治的・社会的平等は、ほぼ完全に実現を見たといってよい。貴族政期に見られたような貴族たちによる政治・司法の専断は、もはや、まったく姿を消した。アテネの国政は、すべて最終的には、成年男子市民であればだれでも出席できる民会での討議と表決とによって決定される。民会での決定事項を先議し、広汎な役人監督権と司法権の一部を握る五百人評議会の権能はすこぶる大きい。しかしこれとても、その成員は任期一年で、しかも三十歳以上の男子市民に、生涯のうち二度にかぎって選出されることが許されるのみであった。したがって、中堅以上の市民のかなり多数が交代でこの職につき、国政の中枢に参与する体験を積んだと想像されるのである。

軍事・行政を司《つかさど》る役人にも、一般の市民が毎年交代で就任する。しかも、軍事・財政にかかわる高位の職を除けば、選出は抽籤《ちゅうせん》により、そのうえ重任は禁じられていたので、官僚組織が育つ余地はまったくなかった。抽籤制の導入によって権威を失ったアルコン職に代わって、前五世紀前半から比重を増した将軍職にしても、十人同僚制をとり、そのうえ、年に十回、民会で出席者全員の挙手による執務審査を受ける定めであった。

裁判も一般市民の手中にあった。司法権の大部分を掌握していたのは民衆法廷であるが、ここでの審判人も素人の市民たちであった。しかも、この法廷は役人の就任資格や執務結果を審査する権限をもち、また、政治にかかわる弾劾裁判によっても国政の動向に影響力を行使しうる位置にあった。

市民のなかに支配する者と支配される者との区別がない。市民の政治的自由と平等は、とりわけ、前五世紀中葉以降のアテネにおいて顕著である。そのうえ、民主政期の市民たちは、社会的・経済的にも他人の支配を受けることがなかった。彼らはいかに貧しくとも独立の農民であり、商人であり、また手工業者であった。他人に使われることを極端にきらい、事実、ひとに雇われて生活をたてる者は、あまりいなかったらしい。有力者の恩顧を受ける反面、奉仕の義務を負う、ローマのクリエンテス（庇護民）のような従属者を知らない世界でもあった。

市民身分の閉鎖化

しかし、ここでわれわれは注意しなくてはならない。アテネ市民がこれまで見てきたような自由と平等とをほぼ完全に享受しうるようになったのは、前五世紀に入ってからのことであるが、まさにこのころ、市民身分の閉鎖化がいちじるしく進行するのである。市民のなかの貴族と平民との身分差が政治的にも社会的にもほとんど意味を失うと同時に、市民全体が一つの特権身分としての位置を占めるようになる。

当時のポリス社会には、市民のほかに、自由な非市民すなわち外人と、非自由人すなわち奴隷との二つの身分があった。市民は、奴隷に対してはもちろん、外人に対しても、とび離れて優位に立つ。

外人は、定められた手続きをとり、人頭税を支払えば、在留外人《メトイコイ》として保護を受け、自由に商工業や学問芸術の道に携わることができた。しかし、彼らは参政権はむろんのこと、不動産の所有権も認められなかった。訴訟のうえでも十分の権利能力があったかどうか疑わしい。

反面、従軍の義務があり、富裕であれば、これも市民と同じように各種の公共奉仕《レイトウルギア》や、戦時における臨時の財産税を負担しなくてはならなかった。市民と在留外人との間には一種の支配・被支配の関係があったといってよい。しかも、外人から市民への上昇の道は、原則として閉ざされていて、アテネ国家に特別の功績があった者に限り、民会の決議に基づいて市民権が与えられるにとどまった。

このような慣行と、前六世紀あるいはそれ以前の、外人の市民団への受容に寛大であった状況とをくらべると、その間の差異は歴然としている。貴族政期、市民団の内部に支配・被支配の関係が存在していたときは、ポリスは、どちらかといえば、外に向かって開放的であった。それが、市民相互の間での支配関係が消滅した民主政期に、それとは裏腹《うらはら》に閉鎖的性格を濃くしていくのである。

ペリクレスの法は、このような傾向のいきつくところに位置するといってよかろう。それによって、アテネは、他ポリスの市民を国家の成員として容易に受け容れないだけでなく、成員が女系を通して他ポリスにつながることさえ拒否するにいたるのである。前述のような意味で、ポリスが閉鎖性をその重要な一面としてもつとすれば、ペリクレスの法こそポリスの法制的完成を告げるものというべきである。

「ペリクレス時代」の到来

貴族派との対抗のなかでアテネを指導するペリクレスに、やがて有力な反対者なしに、自由に国政を運営しうる日がおとずれる。前四四三年、トゥキュディデスを陶片追放に処することに成功したからである。以後、この世を去るまで十四年間、ペリクレスは連続して将軍職に選ばれ、国政を指導する。

のちに歴史家トゥキュディデスは、これを、その名は民主政であっても、実質は第一人者による支配であると評した。「ペリクレス時代」と呼ばれるこの時期は、末期のペロポネソス戦争突入以後を除けば、アテネの国力がもっとも充実し、古典文化が文字どおり開花した時代であった。

ペリクレスの生涯の大半は、ペルシア戦争とペロポネソス戦争というギリシア世界を揺るがした二つの大戦の狭間《はざま》にある。しかし、この時期とても、ギリシア本土をはじめとする東地中海一帯に持続的に平和が支配していたのではない。ミュカレの戦いののちも、アテネ艦隊は東方でペルシア軍としばしば戈《ほこ》を交え、ギリシア・ペルシア双方の間に最終的和平が成立したのは、ようやく前四四九年のことであった。アテネは同時にスパルタとの抗争にも対処しなくてはならなかった。しかし両国の間にも、前四四六年、三十年を期限とする和約が結ばれる。「ペリクレス時代」はアテネと東西二つの大国との間の、束の間の平和のうちに花咲くのである。のこる問題はデロス同盟との関係であった。

アテネのデロス同盟支配

デロス同盟の維持・強化は、アテネの対外関係にとって重要な課題であった。国内の民主化を推進したペリクレスも、外に対しては、デロス同盟のアテネへの従属化の強力な担い手となった。彼は、エウボイア諸市やサモスなど、同盟からの離反を企てた加盟市の鎮圧、それに加盟諸市へのアテネ人の入植に、指導的な役割を演ずるのである。

デロス同盟の歴史に転機をもたらしたのは、前四五四年に行われた同盟金庫のアテネへの移転である。これよりさき、エジプトがペルシアの支配に抗して立ち、アテネはこれに援軍を送っていたが、この年、六年にわたる戦いののち壊滅した。これを機として、アテネは、フェニキア艦隊の来襲を口実に、同盟金庫を自国のアクロポリスに移す。こうして、同盟資金は完全にアテネの手中に帰し、以後、アテネによる同盟支配はいちじるしい進展を示すにいたるのである。前述の加盟諸市の離反と鎮圧が目立つようになるのも、前四四〇年代に入ってからのことである。

この同盟金庫のアテネ移転にともない、加盟諸市の納める貢租の六〇分の一をアテネの守護女神アテナに初穂《アパルケー》として捧《ささ》げるべき旨が定められた。貢租額は四年ごとに査定され、それに基づく六〇分の一の初穂の額が、加盟市それぞれに即して、綿密に記録される。これを刻んだ大碑文は、今日、多数の断片となって発見され、専門家の驚異的な努力によって部分的に復元されている。

貢租表と呼びならわされるこの碑文は、デロス同盟研究の根本史料の一つであるが、それによれば、前四五〇年代後半の加盟国数は百五十前後と推定される。このときには、小アジア本土西岸諸都市の加入が実現していることも、碑文によって明らかである。

ペルシアとの戦争が終結したのちも、アテネによる貢租徴収はつづけられた。軍船・兵員の醸出《きょしゅつ》によって、独立国としての地位を保ちえたのは、結局、レスボス、キオスといった有力な島々のギリシア人だけとなった。同盟からの離反を企てた加盟市への制裁は厳しい。それを機としてアテネの支配は一段と強まるのである。

その実態は、それぞれの都市との協定をしるした何枚かのアテネ民会決議碑文によって、ある程度、詳《つまび》らかにされている。一般的な同盟規約といったものは存在しないので、この種の史料を通して、われわれはアテネの同盟支配の性格を垣間見ることができるのである。

「アテネ帝国」

本来、独立であるはずの同盟諸市に対して、アテネは、ときに応じ、高度の内政干渉を行って怪しまなかった。駐留軍を置き、監督の役人を派遣するだけではない。死刑・追放・市民権剝奪をともなう重要な裁判は、アテネの民衆法廷が最終的にこれを審理するという、自治の根本にかかわるような干渉もあえてしている。加盟市の領域の一部を切りとり、そこにアテネ市民を屯田兵として入植させることも行った。同盟領域内の度量衡や貨幣を統一し、アテネのそれを使用させようとしたことも、その旨を刻した碑文の断片が各地から出土して、明らかにされている。

アテネは、同盟内の諸市の富裕者層と、その利害を代表する寡頭派の政権を抑え、民主派の政権を擁立する政策を一貫してとった。そこから、アテネの同盟支配は、加盟諸市の民衆の利益と通ずるところがあり、したがって、彼らには概して好評であった、とする主張もなされている。その当否をめぐる、やかましい議論はともかくとして、さきに見たようなアテネの干渉が、一般民衆をふくむ同盟市民全体の自由をいちじるしく損うものであることは、動かすことのできない事実である。

さきにわれわれは、アテネの領域内における市民と外人との間柄《あいだがら》を、一種の支配関係としてとらえた。そこでは、市民のみが自由であり、外人は本質的には非自由の立場におかれている。アテネ市民とデロス同盟市民との関係も、まさしくそれである。同盟領域内でポリスの市民としての自由を完全に享受しえたのは、アテネ人だけであった。しかも他ポリスの市民にアテネ市民権を賦与することに、アテネ人は、この時代、とりわけ慎重だった。

アテネによる同盟支配が進展をとげた前五世紀半ば、ときを同じくして例のペリクレスの法が成立したことの意味は、なかなかに深長である。デロス同盟が「アテネ帝国」化の道をひたすら歩みはじめたとき、アテネのポリスとしての閉鎖性はその極点に達する。同盟市民の一部、あるいはすべてに広くアテネ市民権を与えて、彼らをその支配体制の内側に取りこむという方法は、アテネにとって無縁のものであった。ここに、同じ一都市による対外支配といっても、ローマのそれとの間に決定的な差異があり、また、ポリスの枠組みをあくまで重んずるギリシア特有の限界があった。

デロス同盟の「帝国」化と時を同じくして生じたアテネ市民権賦与の厳格化は、たしかに同盟支配の利益にあずかる市民の数を、いたずらに増大させない効果をもった。同盟資金は同盟のための軍事費としてだけでなく、アテネ市民が交代で就任する各種の役職への手当などにも流用された。軍事費も、出陣する重装歩兵や三段櫂船の漕ぎ手への手当という形でアテネ市民の懐《ふところ》に入ったから、最盛期のアテネが財政的にデロス同盟に依存する程度はすこぶる高かったといってよい。ペリクレスによって行われた同盟資金のアテネ公共建築への流用は、このような事情をとりわけ端的に物語る。

パルテノン神殿の建設

最盛期ギリシアを象徴する遺跡として、今日ギリシアを訪れるだれもがまず足を運ぶのは、アテネのアクロポリスである。この標高約一五〇メートルの丘の頂きに屹立《きつりつ》するパルテノン——女神アテナを祀《まつ》る、かの神殿の建立に指導的役割を演じたのも、またペリクレスであった。

パルテノンの建築は前四四七年にはじまり、十五年の歳月を費して、ペロポネソス戦争の直前、前四三二年に完成している。工事には、イクティノス、フィディアスといったギリシア古典美術を代表する建築家や彫刻家、そのほか多数の工人が動員された。これは最盛期アテネのみが生み出しうる、量感と完成美とを兼ね備えた傑作である。

同じころ、アクロポリスのプロピュライア、エレウシスのテレステリオン、中心市のテセ

エレクテイオン（前421年に着工し，前406年に完成）

イオン、オデイオンなども着工されている。デロス同盟の盟主たるアテネが、その国力を結集しての大事業である。三十数年前、ペルシア軍によって破壊しつくされたアテネの中心部は、まったく面目を一新し、往時をしのぐ威容を整える。膨大な工事費の補塡に、いまやアテネの思うがままとなった同盟資金が盛んに転用される。

しかし、これには国内からも反対の声があがった。ペリクレスはこれに反論していう。神殿建築は、それに参加する多数の市民に手当を支給するよすがとなり、その懐をうるおすであろう、と。

神殿建築関係の会計文書は、ギリシア碑文のなかでも興味ある一分野をなしている。パルテノンとプロピュライアについても、この種の碑文がのこされているが、しかし、それはごくおおまかな記録であるにすぎない。これに反して、工程の細部に即し、参加した工人への手当の支給を詳細にしるしているのが、やや年代のさがるエレクテイオンの建築碑文で、その史料的価値はすこぶる高い。

パルテノンと対してアクロポリスの上に典雅な姿を見せるこのイオニア式神殿は、くだって前四二一年に着工され、工事の中絶をはさんで前四〇六年に完成している。現存の碑文はその末期の記録の一部である。そこには工人たちの職種や組織、手当の額、出身ないし居住区名、身分などが逐一記録されているが、それによると、外人身分の工人が数もいちばん多く、また、技能を要する重要な仕事を分担している例が目立つ。市民身分の工人も、外人や奴隷とならんで姿を見せる。

当時のポリス市民にとって、手の技にしたがうのは必ずしも望ましいことではなかったが、生活のために手工業に携わる者はけっして少なくなかったのである。彼らも、また、外人や奴隷も、一日の手当額はみな同じであった。ただし奴隷への手当が彼らの所有者の手に入ったことはいうまでもない。

大工・石工《いしく》・指物師《さしものし》・彫刻師・金細工師といった各種の工人の存在が碑文から知られるが、神殿建築には、このほかにも、例えば、材料を入れる貿易商人、船乗りや陸上の運送に携わる者、それに単純な力仕事にしたがう者など実に広い範囲にわたる働き手の参加が必要だった。

材料の買付けと納入にあたる商人や比較的多数の工人奴隷をもつ手工業者、あるいは建立の指導にあたる建築・彫刻・絵画の専門家をのぞけば、神殿建築に関係する働き手は、すべて奴隷か下層の自由人である。そのなかには、生活にさして余裕のない下層のアテネ市民も数多く含まれていた。一連の神殿建築は、彼らにとって日々の糧をうる好個の手段となったはずである。またそこに、ペリクレスのねらいの一つがあった。そのための国庫からの大量の支出、その背後にはデロス同盟の豊富な資金がひかえていた。

一般市民の動向が国家を制し、文化の諸領域にパルテノンに象徴される完成度の高い成果を生んだアテネ民主政の基底になにがあったか。パルテノンは、そのことをわれわれに考えさせずにおかない。

創造的エネルギーの所産

パルテノンをはじめとする一連の神殿建築事業は、その規模の壮大と仕上がりの見事さとにくらべれば、驚くほどの短期間に成った。それはプルタルコスもいうように、たしかに政治・文化の高潮期のみがもちうる、すさまじいばかりの創造的エネルギーの所産である。

この事業の全体を統括し、みずからも、いまは失われているパルテノンのアテナ女神黄金像を造ったのが、彫刻家フィディアスである。彼はペリクレスと親しく、そのためにこの大役を課せられたという。だが、二人の結びつきは、ペリクレス攻撃を裏に秘めた反対派の中傷を招いた。そして、このギリシア彫刻を代表する一代の巨匠は、工事にさいしての公金横領を理由に告発され、その事実は立証されなかったけれども、作品に自分とペリクレスの姿を刻み込んだ廉《かど》で有罪とされ、獄死したとも国外に逃亡したとも伝えられる。ペリクレスの師アナクサゴラスも瀆神《とくしん》の廉で裁判にかけられている。しかし彼はペリクレスの助力で小アジアに移り、難を逃れることができたという。

ペリクレスには、このほかにも当代一流の人物との交遊が数多く伝えられている。なかでも目をひくのは、悲劇作家ソフォクレスとのそれである。

貴族政がしだいに揺らぎはじめ、ポリス社会が民主政の成立に向かってゆっくりと動いていった前七世紀から前六世紀にかけて、ギリシア各地には抒情詩がおこり、すぐれた詩人が輩出した。パロスのアルキロコス、テオスのアナクレオン、レスボスのアルカイオスと女流詩人サッフォー。彼らは酒や女、そのほか日々の生活から生まれるさまざまな感懐を歌に託した。

ギリシアの抒情詩の特徴は、たんに個人の情感の揺らぎを謳《うた》うにとどまらなかったところにある。アルカイオスのように、ときとして詩人自身が政争の渦中に身を投じ、また、メガラのテオグニス、スパルタのテュルタイオスのように、詩によって、あるいは時代を批判し、あるいは人々を励まして倦《う》むところがない。

アテネの「調停者」ソロンもこの型の詩人に属する。オリンピア競技をはじめ、各地の全ギリシア的体育競技の優勝者に捧げる祝勝歌の作者として名声を馳せたボイオティア出身のピンダロスも、その詩のなかで、ペルシア戦争の意義を専制に対する自由の勝利に見いだしている。市民一人一人がすぐれて政治人たらざるをえないところに、他の古代世界には見られない、ポリス社会の特色がある。抒情詩人たちの在り方は、そのことを如実に示しているといえようか。

アッティカ悲劇

ピンダロスともなれば、活動の舞台はすでに前五世紀である。そしてこの時期、ギリシア文学の重心はようやくアッティカ悲劇に移りつつあった。アッティカ悲劇を世界文学史上の古典の地位にまで高めたのは、アイスキュロスである。土俗的な祭事に起源をもつと思われる悲劇が、ついに人間存在の深淵をうかがわせる思想的高みに到達しえたのは、彼の天才に負うところが大きい。

悲劇は、まずもって毎年三月、国家の祭典である大ディオニュシア祭の折、三日間にわたり、三人の作者の新作による競演の形で上演された。上演後、素人の審査員十人が選ばれて、彼らによる投票で作者の順位が決められる慣わしであった。この慣行は、いかにもポリス的であるが、合唱隊の衣裳や練習の費用が公共奉仕の一種として富裕者の負担であったというのも、三段櫂船《かいせん》艤装費用の負担や戦時の臨時財産税の存在とともに、富裕者には分《ぶ》のわるい民主政期ポリスの在り方を示している。

ペリクレスにも、アイスキュロスの『ペルシア人』の合唱隊費用を負担した記録がある。

アイスキュロス自身マラトンやサラミスで戦った歴戦の勇士であるが、この作品で、彼はペルシア宮廷を舞台にサラミス海戦を回顧し、その歴史的意義に思いをめぐらしている。合唱隊費用負担者《コレーゴス》としてこの作品の上演に深くかかわった若き日のペリクレスは、そこでなにを学び、なにを感じただろうか。

だが、ペリクレスとギリシア悲劇とのかかわりといえば、ソフォクレスとの終生にわたる交友を忘れるわけにゆかない。ソフォクレスは富裕な手工業者の生まれである。ペリクレスとまったく同世代に属するこの悲劇詩人こそ、ギリシア市民の理想像をそのまま具現した稀有の人物だったといってよい。端麗な容姿と円満な人柄でだれからも愛され、公人としての能力にも秀でていた。ペリクレスの同僚として将軍職を務め、また、同盟財務官にも就任している。こうした当時最高の役職を歴任するかたわら、彼は、アイスキュロスよりややおくれて、アッティカ悲劇を形式・内容ともに完成の極に導くことに成功するのである。ペリクレス時代の一翼を担い、この時代にいかにもふさわしく生きた一人の大才の生涯を、われわれは彼のうちに見ることができよう。

ペリクレスの半生をいろどる人々

ペリクレスをめぐる群像といえば、つぎの世紀に活躍する弁論家リュシアス一家もそうである。リュシアスの父ケファロスは、ペリクレスに招かれて、シチリアのシラクサからアテネに来住した人物で、在留外人のなかの有力者とでもいった存在だったらしい。大規模な楯製作場を経営し、上層市民との交遊も深かったと思われる。プラトンの『国家』の対話の場所は、外港ピレウスにある彼の家に設定されている。

　そこでの対話の主人役、かの哲人ソクラテスも、どうやらペリクレスの愛妾アスパシアのもとにしばしば出入りしていたらしい。そして歴史家ハリカルナッソス出身のヘロドトスも、ケファロスと同じ在留外人ながらソフォクレスと親交があり、それを通してペリクレスの知遇を得ているのである。

ソフォクレス

　アテネの黄金時代をつくり出し、みずからもその中で華やかな半生を送りえたペリクレスほど、公人として幸福な例をわれわれは知らない。政治家としてのペリクレスの態度は、民衆に対して迎合的でなかったという。本来、理知的な性格の持ち主であり、おのずからなる威厳にも欠けるところがなかった。無類の雄弁、深い洞察力、豊かな経験。門地と富においても、なにびとにもひけをとらない。

　ペリクレスはこれらに裏打ちされる卓越した指導力を駆使して、思うがままに自己の方針を指し示し、ためらうことなく民衆をそれに従わせた。民衆が意気沮《そ》喪《そう》したときは士気を鼓舞し、人も無げな振る舞いには、逆に叱責の言を放ったという。反面、自己を律するに厳しく、金銭にも潔白で、これが市民たちの信頼を得るもととなった。

このようなペリクレスの特性は、晩年ペロポネソス戦争の指導において、きわだって発揮される。その有様を書きとめ、理想的政治家ペリクレスの像を、讃仰《さんぎょう》の念をこめて刻みあげた者こそ、歴史家トゥキュディデスである。

3　戦争と平和

ペロポネソス戦争とトゥキュディデス

前四三一年五月、スパルタ王アルキダモスの率いるペロポネソス同盟軍のアッティカ侵入によって、二十七年にわたるペロポネソス戦争の幕は切って落された。アテネ・スパルタというギリシアを代表する二強国が、それぞれデロス同盟とペロポネソス同盟をしたがえて、がっぷり四つに組んだ大戦である。その戦火は、ギリシア本土からエーゲ海域一帯、さらにはシチリアにまで及んだ。

開戦と同時に、事態の容易でないことを見抜き、戦況を逐一記録することを決意した人物がいる。歴史家トゥキュディデスである。ペリクレスの好敵手だった同名の政治家とおなじように、あのキモンと縁つづきだったと推定される富裕なアテネ市民で、やはりトラキアとのつながりが深い。みずからも将軍として出征し、エーゲ海北辺での作戦上の失敗から追放処分を受け、トラキアのパンガイオン金山の近くに隠棲《いんせい》する。

この金山経営からの収益で生活に十分の余裕を見いだすことができたトゥキュディデスは、追放の身を逆用して、両軍から等距離の位置を保ちつつ、自由かつ公平に戦史記述に必要な情報・資料を収集する。現地を踏む取材旅行も厭《いと》わなかったらしい。二十年間の追放生活ののち、大戦終了とともにトゥキュディデスは帰国を許される。そして数年間、著作活動に専念したのち没した、と推測されている。

トゥキュディデスの『歴史』

三十年余にわたる資料の収集と述作。トゥキュディデスのこの執念の結晶こそ、ヘロドトスのそれと並ぶ史学史上の古典『歴史』にほかならない。彼の場合も、叙述の対象がギリシア世界を激動の渦《うず》にまきこんだ戦争であったことは注意されてよい。政治人であると同時に戦士でもあるポリス市民の特質が、ここにも表れているといえよう。

ヘロドトスもトゥキュディデスも、ながく祖国を離れた、いわば亡命人であった。このことがまた、彼らに、全ギリシア的規模で事態の推移を把握し、叙述する視点と方法を与えた事実も銘記すべきだろう。

しかし他方、二人の間の作風の違いも大きい。ヘロドトスの作品が伝承をおおらかに受け

トゥキュディデス

容れて、汲めどもつきない話題の宝庫といった趣がつよいのに反し、トゥキュディデスの『歴史』では、一つ一つの資料が厳密に吟味されたうえで使われる。行間から真実のみを語ろうとする史家の緊迫した息づかいが聞えるようである。その内容も、いっさいの夾雑物《きょうざつぶつ》が排除され、政治・軍事の歴史にほぼ限られる。構成も緊密そのものである。

歴史を動かすものはなにか。この大根《おおね》にかかわる解釈でも、両者はずいぶん違う。神とか運命とかの超合理的な働きを認めるヘロドトスに対して、トゥキュディデスの歴史解釈は、あくまで事実に即し、合理的である。それは根本において近代の史観と変わるところがない。

戦いの経過だけでなく、そもそもどのような原因にもとづいてペロポネソス戦争がおこったか、その追究にもトゥキュディデスの関心は注がれる。

戦争の真因と誘因

この場合も、その立論はきわめて理詰め、かつ明快である。戦争の原因には直接の引き金となった誘因と、その底に潜む真因との二つがあるというのである。

近代におけるトゥキュディデス研究は実に盛んである。彼の史書が開戦以来ぼつぼつ書きつがれていったものなのか。あるいは帰国後、十分な準備のうえに立って一気に書きおろされたものなのか。このような成立史をめぐってのやかましい論議が一方にある。だが議論はそれだけにとどまらない。

トゥキュディデスの史料批判がいかに厳正であり、また叙述にあたっていかに公正を旨としようとも、史書に見られる解釈が真実をうがっているかどうかは、また別の問題である。それが、作者の特定の史観のもとに叙述される、歴史というものの性格でもある。たとえばデロス同盟の性格について、トゥキュディデスは、「アテネ帝国」とでもいうべき圧制的側面を強調する。事実は、しかし、どうであったか。

トゥキュディデスの政治的立場は保守派に属する。ところが、同盟の「帝国」化に熱心だったのはペリクレスとその後継者たち、政治的立場からいえば徹底した民主政を主張し、かつそれを推し進めた人々だった。彼らに対する偏見がアテネの同盟支配を叙述する史家トゥキュディデスの眼を、筆をゆがめていないだろうか。事実は、同盟諸市の民衆にアテネの支配を徳とするところがなかったか。

このようなトゥキュディデス批判を展開する学者もある。戦争原因論についても、トゥキュディデスの解釈を批判する専門家が絶えない。

前四三五年、ギリシア本土西北岸の植民市エピダムノスの党争をきっかけにコルキュラとコリントが対立し、アテネがコルキュラを助けたことによって、ペロポネソス同盟の有力市コリントとアテネとの仲が極度に険悪化する。そこから大戦勃発までの経緯をトゥキュディデスは仔細にたどる。しかし開戦の真の原因は、と彼はいう。

前五世紀のギリシアをリードしてきた二つのポリス、アテネとスパルタとの対立、それも、勢力の伸長いちじるしいアテネにスパルタが畏怖を感じたことにある、と。

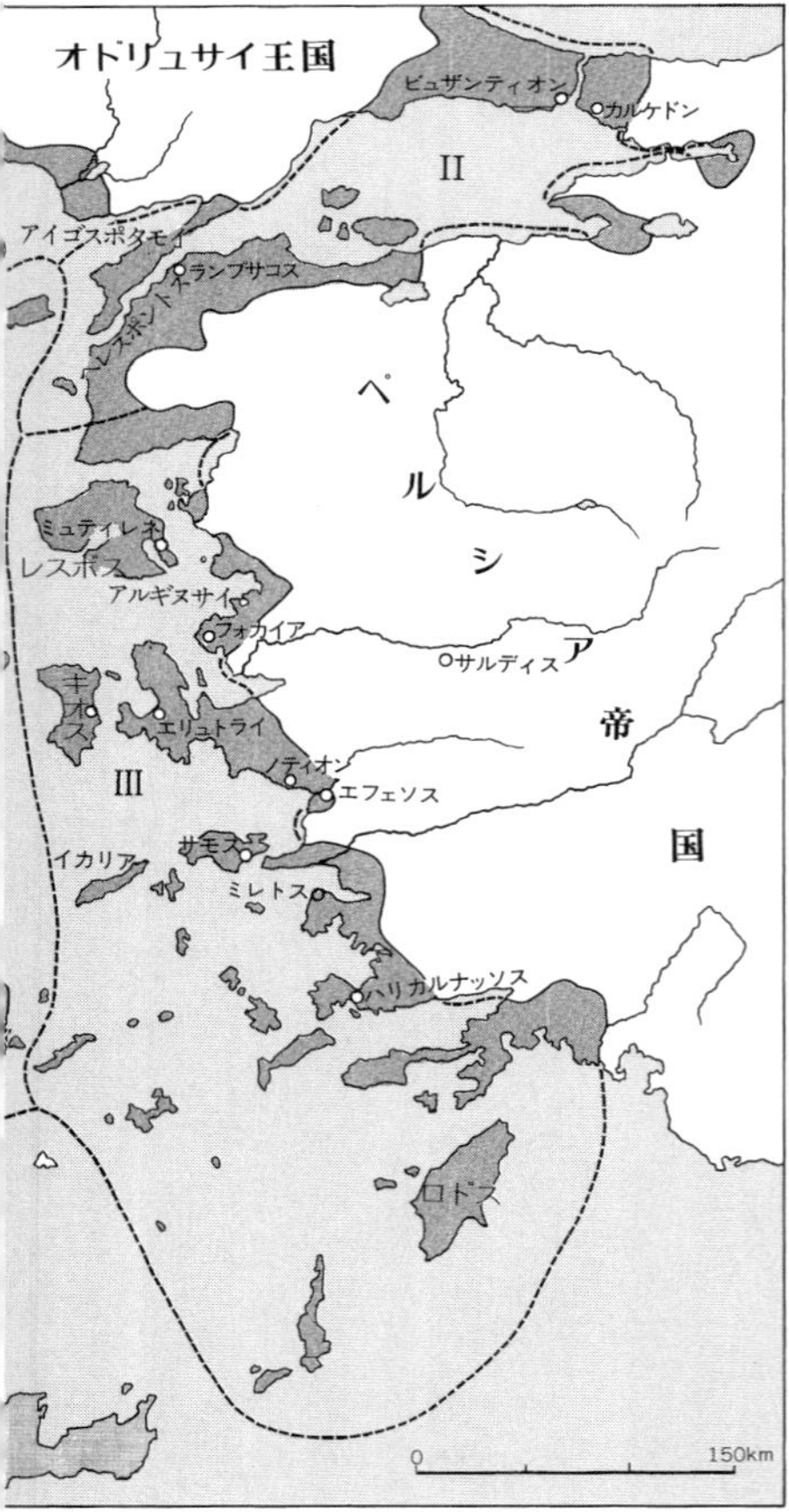

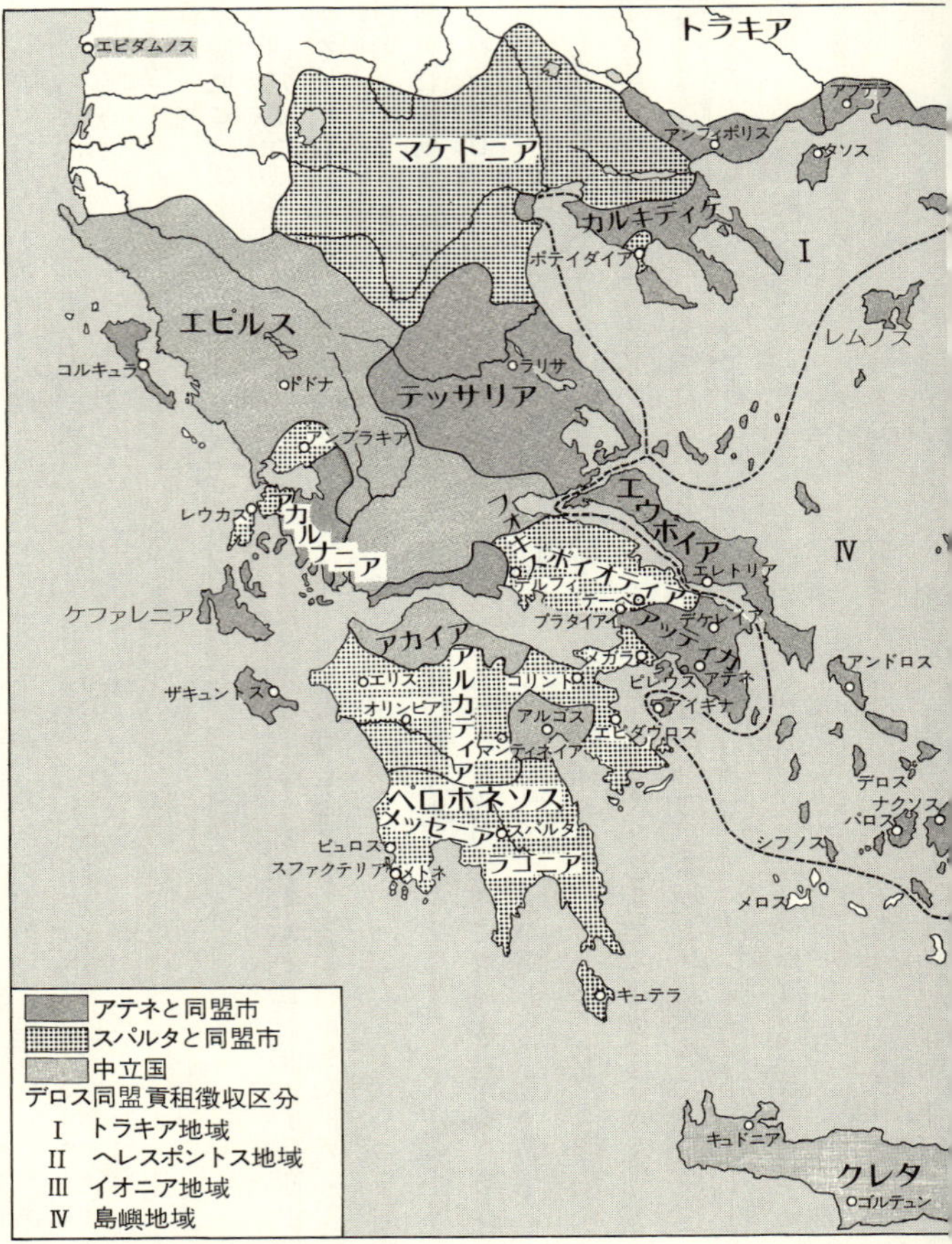

ペロポネソス戦争前夜のギリシア（前431年）

一部の学者の批判にもかかわらず、このトゥキュディデスの見方は、根本においてあたっていると思われる。世紀前半からの二強国の対決は、三十年和約の小休止をへて、ついに抜きさしならない局面を迎えたということができる。

籠城と疫病

開戦必至の状況のもとでペリクレスがとった戦略は、一種の籠城作戦であった。彼我の戦力を比較したとき、アテネ側は陸上において劣り、海上において優《まさ》る。テミストクレス以来の中心市と外港ピレウスとをかこむ堅固な城壁、ギリシア随一の海軍力——これらを活かす以外に勝利への道はない。田園に住む市民たちは農地や家屋敷を捨てて、一人残らず城壁内に移り住む。アッティカの大半は、はじめからスパルタ側の蹂躙《じゅうりん》にまかせる覚悟である。そのかわり、アテネ軍は総力を艦船に投じ、ペロポネソス半島各地に積極的に打って出る。

しかし、このペリクレスの提案には、市民たちの頑強な反対があった。田園地帯に集落を営む農民たち、彼らこそアテネ市民団の中堅というべき人々だったのだが、この人たちの間からまず反対の声があがった。ペリクレスの雄弁と指導力がなによりも物をいったのは、このときである。彼は説得する。愛着深い父祖伝来の地を離れ、生活の根を断たれる苦痛も、国難の前には耐え忍ばなくてはならない、と。人々は、家財道具を背負い、妻子をともなって続々と市内に入った。

開戦。すべてはペリクレスの思惑どおりに運んだ。だが早くも翌年、予期しない出来事が発生して、ペリクレスの計算を狂わせた。疫病の流行である。この年六月、疫病は、あっという間にピレウスから市中一帯に拡がった。病状と、それによる市民たちの受難と頽廃《たいはい》のさまを、トゥキュディデスは迫真の筆をもって記している。もともと衛生の知識や設備に欠けるうえに、籠城による異常な人口密集と無秩序な生活環境が病の蔓延《まんえん》を加速させた。疫病はおそらくペストと推測され、アテネはこのために、翌四二九年にかけて人口の三分の一を失ったといわれる。

市民の非難は当然ペリクレスに集中し、一時は永年保持してきた将軍職を免ぜられる有様だった。そのうえ彼は、疫病で二人の嫡出男子をあいついで失った。家の後継《あとつ》ぎを失う――これはギリシア人にとって、ぬきさしならない大事である。

才媛アスパシア

ところがここに、ペリクレスにとって一つだけ抜け道があった。愛妾アスパシアとの間にもうけた庶子を、正式の子として認めてもらうことである。

公人として順風満帆の生涯を送ったペリクレスも私生活では恵まれなかった。名門出の妻との間がうまくゆかず、結局、離婚している。代わってペリクレスの伴侶の役を果たしたのが、ミレトス生まれの才媛アスパシアであった。彼女は才色兼備、どうやらきわ立った存在だったらしい。プラトンの『メネクセノス』に登場するソクラテスは、アスパシアを自分の弁論術の先生だといい、戦死者追悼演説の見本をたっぷり聞かされた次第を語る。ペリクレスが行った大戦第一年の戦歿者に対する追悼演説、トゥキュディデスの筆によって知らぬ者とてないあの高名な演説も、彼女の起草にかかるものだ、とそこでソクラテスはいう。真偽のほどはわからない。しかしプルタルコスも、彼女の政治感覚にはペリクレスも一目《いちもく》おいていた、と伝えている。

前五、四世紀のアテネは、男万能のギリシアのなかでも、とりわけ女性の地位の低かったところである。それだけに、アスパシアの存在は目立ったにちがいない。ペリクレスの愛妾ともなれば、反対派の中傷攻撃もただならぬものがあったであろう。

しかし、この当代まれな名流婦人も法律には勝てなかった。しかもそれが、ペリクレスその人のつくった法であったのだから、皮肉としかいいようがない。ミレトス出身のアスパシアとの間に生まれた男子は、彼の提案した市民権法によれば、アテネ市民の資格を取得することができない。ペリクレスの家を正式に継承する資格に欠けるのである。ということは、この法のもとでは、アスパシアも嫡妻としての地位を取得できないことを意味する。彼女のことはまだよい。ペリクレスにとってさし迫った大事は、問題の男子を後継ぎとして市民たちに認めてもらうことである。彼は公人としての恥をしのんで、さきに提案した法に、自分のために特例を設けてほしいと懇願し、かなえられた。ペリクレス二世の誕生である。

ペリクレスの死とその後継者たち

後継ぎの目算がたったところで、疫病はペリクレス自身をも襲った。前四二九年秋、一代の経世家は、戦いの前途を見届けえないまま死んだ。

ペリクレスの死は、アテネ政治史に一転機を画する出来事だった。それまでは、キモンやトゥキュディデスといった貴族派の領袖だけでなく、ペリクレスのような民主派の指導者も、自身は名門の貴族に属し、比較的広い土地を所有して、そこに生活の基盤をおく富裕者であった。

ところが、ペリクレスの死後に登場したアテネ政界の指導者たちは、そのほとんどが手工業者たちであった。永いアテネの歴史のうえで政治の表舞台にのぼることのかつてなかった人々である。皮鞣《なめ》しと靴造りを営むクレオン、ランプ製作場の所有者ヒュペルボロス、竪琴《たてごと》造《づく》りと呼ばれたクレオフォン。のちにソクラテスを告発して死にいたらしめた黒幕アニュトスも皮鞣し業者であった。

トゥキュディデスによれば、彼らはみなペリクレスのように他を圧する図抜《ずぬ》けた存在でなかったので、主導権をにぎるために競って民衆に迎合し、そのために国政運営と戦争指導にあやまちを繰り返す羽目《はめ》におちいったという。

たしかに彼らの政治指導はアテネの前途を危うくし、結局、その衰退に道をひらくことになった。それはひとことでいえば、大局観に欠け、退くことを知らぬ好戦主義であり、また、民衆の側にもそれを歓迎する素地があった。戦争の続行によってより多くの入植地を海外に獲得できるのではないかという期待、奴隷やそのほかの戦利品への欲求——これらはとくに下層市民の間でつよかった。

地道な勤労に価値を認めず、戦士であり政治人であるという意識をつよくいだく、ポリス市民特有の志向がそこには見られる。平和希求に倫理的価値を認めるような思考法には、もとより無縁であった。平和を望む声は、むしろ富裕市民の間でつよかったが、これは彼らが、臨時財産税や三段橈船艤装費用負担といった戦争遂行のための経済的負担をじかにかぶったからであった。

主戦論者たち

ペリクレスの戦略は、前四二五年、アテネ軍がペロポネソス半島西南岸のピュロスを占拠したことで、その効果を如実に示すことになった。国内に多数のヘロットをかかえるスパルタにとって、これは脇腹に匕首《あいくち》を突きつけられるにもひとしかった。スパルタ側は講和を申し入れる。アテネにとって戦争終結のまたとない好機だったが、クレオンは過大な要求を出して実現をはばんだ。その見通しの誤りはまもなく明らかとなった。スパルタ軍はアテネ側の要衝トラキア西部に進出し、クレオン自身、前四二二年、ここに出陣して戦死を遂げた。

主戦論者クレオンの死と戦況の悪化に直面して、アテネもようやく講和に傾く。この時期、クレオンに代わってアテネの政治を指導したのが、ラウリオン銀山の経営でその富をうたわれたニキアスであった。しかし、前四二一年に結ばれた「ニキアスの平和」は、約八年にわたってアテネ・スパルタ両本国への攻撃を休止させはしたものの、戦火そのものを鎮静させるには無力であった。

ここでもアテネ政界の動向が密接にからんでいる。和平派のニキアスに対抗して、クレオンにもまさる主戦論者アルキビアデスが台頭し、アテネの市民たちが、このあくのつよい政治家にすっかりふりまわされたことに、それはよるのである。

アルキビアデスはペリクレスの縁つづきにあたり、父の戦死後はこの大政治家を後見人として育った。家柄に恵まれていたうえに、その美貌はあらゆる人をとらえ、才智も抜群だった。ソクラテスも彼を深く愛したという。

しかしアルキビアデスは政治家としてまったく途方《とほう》もない人物であった。自己の野心のためには、国家の利益も犠牲にしてはばからない。この人物の放恣《ほうし》かつ無節操な行動が、結局、アテネの敗北につながるのである。

シチリア遠征

アルキビアデスの活動は、「ニキアスの平和」直後から始まるが、大戦の成りゆきに決定的な影響を与えたのは、そのシチリア遠征論である。

このころ、シチリアにおけるアテネの同盟国セゲスタが、同島の最有力市シラクサの友邦セリヌスと戦って敗れ、アテネに救援を求めてきた。アテネ民会での議論は、積極派のアルキビアデスと、慎重論を唱えるニキアスの二つに分かれたが、遠征熱に浮かされた市民の多数はアルキビアデスを支持し、艦隊派遣を決議する。

前四一五年六月、ピレウス港に、重装歩兵五千、三段橈船百三十余隻を中核とする大部隊が集結する。総動員数二万五千と数えられた。アルキビアデスのほかに、気のすすまないニキアスにも指揮官の任が与えられる。

ところが出航前夜に奇怪な事件がもちあがった。町の辻々に立てられているヘルメス像の首がひとつのこらず欠け落ちていたというのである。ギリシア人の日常生活に宗教がもつ意味ははなはだ重く、瀆神《とくしん》の所業は大罪である。日ごろ不敬のふるまいの多い、アルキビアデスとその仲間に疑いがかかるが、すべてが謎につつまれたまま、喧騒のなかを艦隊は出航する。

やがてシチリアに到着したアルキビアデスに、本国からの召還命令が届く。だが、迎えの使節の手を逃れたアルキビアデスは、こともあろうにスパルタに亡命するのである。

シチリア遠征はまったくの失敗であった。前四一三年夏、シラクサを攻囲したアテネ軍はシラクサ・スパルタ連合軍に敗れ、ニキアスの優柔不断な指揮のために退却の時機をも失し、無惨な投降を余儀なくされる。捕虜となった者、数千。全員が石切場に幽閉されて死んだと伝えられる。ニキアス自身もこのとき処刑されている。

スパルタとペルシアの連携

同じ年、シチリアでの悲劇的敗北をまだ知らないアテネ人たちに、もう一つの打撃が見舞った。それまでは、夏期にアッティカに侵入して劫掠《ごうりゃく》をくり返すスパルタ軍も、冬期には引き揚げるのが通例であった。ところが、この年の春を機として、スパルタはアッティカ東北部の一集落デケレイアを恒久的に占拠する策に出たのである。これは、まったくアルキビアデスの入れ知恵によるものであった。

アテネはエウボイア島との交通を押さえられ、そのうえ、絶えずスパルタ軍による破壊にさらされなくてはならなくなった。国力の消耗は、このために一段とすすんだ。海外における大軍の喪失とあいまって、以後、アテネの国運は大きく傾くのである。

そこに、さらに追い討ちをかけたのが、スパルタとペルシアとの連携の成立である。シチリアでのアテネ軍惨敗の知らせを聞くと、イオニア諸市はつぎつぎとデロス同盟からの離脱を企てた。スパルタはこの動きを助けるとともに、ペルシアと盟約を結んで、これら諸市に対するペルシアの支配の復活を認める代わりに、小アジア沿岸のスパルタ艦隊の資金をペルシアに仰ぐこととした。前四一一年のことである。

ペロポネソス戦争の帰趨《きすう》は、いまやこの東方の大国の資金力をどちらの側が利用しうるかに左右されることとなった。「カリアスの平和」ののち四十年近く、ペルシアはふたたびギリシア世界の動向に巨大な影響を及ぼすにいたったのである。

アテネの栄光の終わり

小アジア・ヘレスポントス方面を主戦場とする両軍の角逐《かくちく》は、一進一退をくりかえす。スパルタ側にとって、名将リュサンドロスの着任とペルシアからの軍資金援助が勝利の決め手となった。アテネは、再度にわたるスパルタの和平申し出を、ここでもクレオフォンの主戦論に押されて蹴《け》り、見通しの誤りを悔いることになる。この間、国内では、前四一一年から翌四一〇年にかけての一時的な寡頭派政権の成立、アルキビアデスの復権・帰国そして最終的失脚という事件があった。

前四〇六年、アテネは最後の力をふりしぼって、レスボス近傍アルギヌサイ諸島沖の海戦でスパルタ海軍を破るが、暴風のため自軍にも多数の犠牲者を出し、さらに翌四〇五年には、ダーダネルス海峡北岸アイゴスポタモイでの戦いで、リュサンドロス麾下のスパルタ軍に完敗を喫した。こうして制海権を失い、黒海方面からの穀物輸送路を押さえられたアテネは、前四〇四年、ついに全面降伏のやむなきにいたった。

クレオフォンは市民たちの手で処刑され、講和が結ばれる。コリントをはじめペロポネソス同盟諸市はアテネに対する厳罰を要求したが、スパルタはこれを抑え、城壁の破壊、艦船の引き渡しなど寛大な条件で和議を成立させた。デロス同盟の盟主としてギリシア世界に覇を唱えたアテネの栄光は、二十七年にわたる苦闘のすえ、終わりを告げた。

戦いのあとをふりかえって、だれしも感ずることは、ペリクレス亡きあと、アテネ政界に人を得なかったという一事であろう。ペリクレスは必ずしも歴戦の勇将だったとはいえないが、大局観にすぐれ、むだな消耗を避けるために細心の注意をはらう指導者だった。彼が健在であったならば、みずからの戦略が功を奏した前四二五年の時点で和を結ぶのに、いささかのためらいもなかっただろう。政治家への評価は、その指導の結果にもとづいてくだされるべきだとするならば、クレオン以下のアテネの指導者たちが、ペリクレスとの対比において極度におとしめられてきたのも、また当然といわなくてはならない。

しかし、彼らはたんに民衆に迎合し、自己の野心を貫くのに急な、品性いやしい人物だったのか。アテネ敗戦の責任は、はたして彼らだけに帰せらるべきものなのか。

アリストファネスの政治批判

彼らに対する同時代の批評として著名なのは、喜劇作家アリストファネスのそれである。アッティカ喜劇は、悲劇と同じく、ディオニュソスの祭典における上演を通して発達をとげた。ギリシア悲劇を、無理を承知でわが国の能に擬するとすれば、喜劇は狂言にあたるということになろうか。神話や伝説の世界でなく、作者や観客をとりまく現実こそが喜劇の対象である。登場人物は実に多様で、尋常市井の徒あり、女たちあり、果ては哲人・詩人・政治家ありといった具合である。

作者はこれらの人々を揶揄《やゆ》し罵倒《ばとう》して、はばかるところがない。卑猥《ひわい》な仕草《しぐさ》や科白《せりふ》にもこと欠かない。その有様は、現存するアリストファネスの十一篇の作品によって明らかである。

しかし、アリストファネスは、たんなる洒落《しゃれ》や社会諷刺のみをめざしていたのではない。初期の作品において鮮烈な政治批判を展開し、ことに『騎士』では、当時の指導者クレオンに対し、痛罵にひとしい個人攻撃を加えている。これもまた、いかにもポリス的といえないこともないが、緊迫した戦時、しかも政界第一の実力者を相手にこうした挙に出るには、作者として、それなりの覚悟が必要だったにちがいない。

最終段階にいたったアテネ民主政

アリストファネスの政治批判の立脚点は、マラトンの勇士をしのび、重装歩兵たりうる中堅市民の立場を第一とする、どちらかといえば保守的な考え方にあった。彼は、前五世紀後半のアテネで主流を占めつつあった新しい傾向に対しては、思想であれ、政治的立場であれ、はげしい嫌悪感をいだいていた。既存の道徳・宗教・思想を根本から吟味しなおすことにおのれの使命を見いだしていたソクラテスや、技法的に先人の跡をふまず、人間心理に密着した合理的解釈を神話の世界にもちこんだ悲劇詩人エウリピデスを揶揄の対象としたのも、この見地からであった。

このようなアリストファネスの目からすれば、徹底した民主政の推進者であり、下層市民の声を背景にみずからの政見を押し通すクレオンなどは、唾棄《だき》すべき成り上がり者にすぎなかったろう。しかし、であればこそ、クレオン攻撃をそもそもの目的とする『騎士』に、この政治家の実像をさぐることは、本来、無理な話ということになろう。みずから革を截《た》ち、靴を縫いあげる中小の手工業者——われわれが『騎士』に読みとるクレオンの姿とは、そのようなものである（三一五〜三一八行）。

だが、事実はこれと相違するらしい。クレオンの父と思われる人物が、劇合唱隊費用の負担者の一人として碑文に見える事実がその反証となる。クレオンは、父の代からすでに富裕市民のなかに数えられる存在だった。彼はみずから手の技に携わる、普通の意味での手工業者でなく、一代での成り上がり者でもなかった。

ヒュペルボロス、クレオフォン、アニュトスといった、彼と同類の政治家についても、同様のことが史料的にほぼ検証できる。もとより、ペリクレスやそれ以前の政治家のような、門地とそれにもとづく、おのずからなる声望には欠けていた。しかし彼らにも、政治家として活動するに必要な経済的余裕と閑暇とは、十分にそなわっていたと見るべきだろう。

だが、ペリクレスの死を機として、アテネの政治のイニシアティヴがまったく新しい階層の手に掌握されるようになったことも事実である。かつての名門貴族が舞台から退き、代わって登場したのは、もはや土地財産に富の基礎をおかない、その点で、無産市民と共通の利害や意識をもつ一群の人々であった。アテネ民主政は、いまや行き着くところまで行き着いた、といえるかもしれない。

デマゴーゴスの実像

新しい指導者の登場は、政治運営の方式にも大きな変化をもたらさずにおかない。かつての指導者たちは、みずからの政見を実現する手段として、血縁や姻戚関係で結ばれた一門の人々、それに日ごろ援助を与えてつながりを保っていた一部市民を動員するのを辞さなかった。彼らはそれだけの声望と実力とをもち、また、それゆえにこそ政界の中枢に位置しえたのであった。われわれは、キモンにその典型を見いだすことができる。

クレオンらの新しい指導者の周囲に、このような人的つながりの存在を想定することは難しい。彼らは民会に集《つど》う一般市民に直接よびかけ、そこでの支持を唯一の支えとして自己の政策の実現をはかる。下層市民の発言力がいちじるしく増大した前五世紀中葉以降のアテネにあっては、事実、それがより有効な政治運営の在り方であった。現在では、もっぱら「煽動政治家」の意に解されるデマゴーゴスという語も、本来は、このような民衆指導者をさす

ディオニュソス劇場　前 4 世紀後半に完成されたもの。民会の議場としても用いられた

言葉であった。しかも、この型の指導者は、実はペリクレスあたりから始まると見てよい。

　それではペリクレスとクレオン以下のいわゆるデマゴーゴスとの間に認められる、だれの目にも明らかな逕庭《けいてい》は、なにに由来するのだろうか。

　ペリクレスに認められる政治家としての識見と、抜群の指導力が、文字どおり稀有《けう》のものであって、他に容易に求めがたいという事情が、まずあげられよう。しかしそれだけではない。トゥキュディデスも指摘するように、デマゴーゴスたちは、競争相手を眼中に、みずからの不確かな地位を民衆へのアピールによって固める必要に、絶えず迫られていた。大局的見地に立つ強力な指導は、そこではもともと望みがたい。政治家の個人的資質や倫理観を越えた、当時の民主政の在り方そのものに根ざす問題が、そこには伏在しているように思われる。

　すでにして、徹底した直接民主政は完全に実現を見ている。あらゆる政治決定が、究極的には民会に拠る一般市民の手に委ねられているのである。しかし、年間少なくとも四十回は開かれる民会に足しげくかよう市民たちは、移り気で、定見のない政治の素人《しろうと》にすぎない。政策の立案と執行にあたる専門の官僚組織も、特定の政治的主張のもとに結集し、その見地から一般市民の意見や利害を政治に反映させる政党組織も、そこにはない。名門貴族を中心とする人的結合や強力な政治的人格を失った今、未曾有の大戦という危機的状況のもとで、国政運営の安定と持続とを保証するものはなにもない。こうした時期のアテネを動かしたのは、民会の多数を占める下層市民と、彼らの動向を敏感に察知し、それに明確な表現を与えたデマゴーゴスたちであった。

デマゴーゴスの不見識を責めるのはたやすい。しかし、彼らの活躍を許した背景に、戦時の極限状況のもとで露《あら》わにされたポリス民主政の、いわば構造的欠陥と、その担い手であるアテネ市民の政治意識の低さとがあることを指摘しなければ、公平を欠くこととなろう。

二度の寡頭派政権

民主政の欠陥がだれの目にも明らかとなれば、政権は一部の上層市民の手に委ねらるべきだとする寡頭派の策動が、頭をもたげる。ペロポネソス戦争の戦中と戦後、アテネは二度にわたって寡頭派政権の樹立を見るのである。

第一が、前四一一年の「四百人の支配」である。シチリア遠征の失敗にこりたアテネは、その直後、四十歳以上の市民十人からなる終身任期の先議委員《プロブーロイ》の制度を発足させた。これを母体とし、弁論家アンティフォンら一部寡頭派のクーデターによって、四百人の上層市民からなる評議会に全権を委任する寡頭政が誕生したのである。

その具体的な経緯、制度の詳細は、史料の制約から明らかでない。この政権は、戦争遂行上の失敗から、同年九月、四ヵ月ほどで倒壊し、五千人の市民が政権を握る穏和な寡頭政へと移行するが、これも、翌四一〇年夏には瓦解し、民主政が復活する。

戦争末期の民主派の実力者クレオフォンを処刑し、無条件降伏の道を選んだアテネで、戦後まもなくリュサンドロス麾下のスパルタ軍の進駐と監視のもとに二度目の寡頭派政権が生まれる。「三十人僭主」と呼ばれるこの政権は、民主派の殺害、富裕な市民や外人の財産没収といった恐怖政治を布《し》くが、やがて国外に逃れた民主派の反攻に敗れ、前四〇三年秋には両派の和解が成って、ここでもふたたび民主政の復活を見るのである。

不変のアテネ民主政

このようにして、前四一一年と前四〇四年の二度にわたる寡頭派政権の樹立は、永いアテネ民主政の歴史のなかでの、たんなる二つのエピソードに終わった。いずれも、シチリア遠征の失敗、あるいは敗戦という異常事態に触発されての出来事だったことにも注意すべきである。

ソロン以後の改革の積み重ねによって、アテネ民主政は市民たちの生活のなかにゆるぎない根を張るにいたっている。その運用に、たしかに欠点は認められても、前五世紀中葉に完成された民主政は、なんといっても多数の市民の利害に密着した国制である。

ことに下層市民にとって、これほど具合のよい制度はない。彼らには、民主政ポリス以外の国家はもはや考えられなかった。確固たる発言力をもつ、これら市民の支持をうけて、アテネ民主政は、以後一世紀ちかく、不変の制度として存続するのである。

4 ポリス世界の凋落

戦火の傷あと

大戦の傷あとは深かった。それは、戦勝国たると戦敗国たるとを問わない。ギリシア世界は、ペロポネソス戦争を転機に衰退への道を歩みはじめるのである。

アテネ市民が大戦によって受けた衝撃は大きかった。疫病の流行、シチリア遠征の失敗、そして敗戦。籠城作戦にともなう田園地帯の荒廃も、市民団の中堅をなす土地所有農民の生活基盤にひびを入れ、ポリス社会を深部から揺り動かすきっかけをつくった。

ペロポネソス戦争は、なによりも最盛期のアテネを支えた市民たちの共同体意識に深刻な影響を及ぼした。ポリスとは、つきつめれば、それを構成する市民たち、すなわち市民団そのものにほかならない。そこでは、市民資格をもつ成年男子だけが政権に参与し、生活の基礎をなす不動産の所有権をもつ。しかも、市民団の枠を厳重に設定して、外部からの流入を防ぐ。市民は外人や奴隷に対し、閉鎖的な特権身分を形成するのである。

このような市民団の閉鎖性は、市民たちの強烈な自己規制によって支えられていた。当時のアテネでは、市民資格の認定は各デーモス（区）の区民総会に委ねられていた。市民の家に生まれた男子は、十八歳になったとき、それぞれの家が属するデーモスでの審査をへて区民名簿に載せられる。これがアテネ市民たるの正式の証《あか》しとなった。

この段階で、市民たちが他ポリスの市民や外人女性から生まれた男子をデーモス成員として認めたならば、市民団構成の原則は瞬《また》く間《ま》に崩れていく。ことの成否は、いわば在地の区民総会の手中に握られているのである。目先の利害や情実にとらわれず、法とポリス全体の利益とを優先させる市民たちの意識こそが、市民団の適正な構成を可能ならしめる唯一の拠りどころであった。そして事実、前五世紀のアテネでは、このような制度がうまく機能していたと見られる。

ゆるむ市民共同体意識

法廷弁論史料の教えるところによれば、前四世紀における状況は、これとはだいぶ違っている。どうやら、各デーモスでの外人の不正入籍がきわめて稀《まれ》とはいえなくなっていたらしい。二、三知られる具体例では、外人と区民たちとの金銭がらみの結託すら認められる。市民たちの在地における自己規制の崩れがポリスの閉鎖性の弛《ゆる》みにつながっている事実に注目すべきである。

しかも、このような閉鎖性の弛みは、ポリスのレヴェルでも徐々に進行していた。前五世紀末、ペロポネソス戦争のさなかから、外人に対する市民権および外人身分のままでの不動産所有権賦与の事例が史料に見えはじめ、前四世紀には漸増の傾向を示すのである。

もちろん、このような特権を賦与される外人は、アテネ国家に対して顕著な功績ある者に限られ、そのうえ、賦与にあたっては、民会での決議を必要とした。それはむしろ、ポリスの閉鎖性を示すものとも受けとれよう。しかし、前四世紀における関係史料の増加は、やはり、市民団の枠組みの固持を第一と考える、市民たちの意識の後退を想定させずにおかない。

ペロポネソス戦争を機とするポリス市民団の共同体的結束の弛みは、アテネ国家の衰退を、そのよって立つ社会的基盤とのかかわりで示す重要な表徴である。しかしこの現象を、前四世紀についてあまり強調することも正しくない。

外人への市民権ないし不動産所有権賦与の実例を年代別に調べた専門家の意見では、前四世紀にかかわる関係碑文の出土頻度は、つぎの世紀にくらべるとずっと低い。また、外人身分のままで不動産所有の特権を得た者も、それを現実に行使したのは市域の宅地についてだけであったらしく、彼らがこの特権を利用して田園地帯で土地を集積した例は知られていない。

前五世紀末以降、市民たちの間では、土地・家屋を売買したり、それらを抵当として借財をしたりすることが行われるようになった。ここにもペロポネソス戦争を機とする社会変動の指標を見ることができるが、にもかかわらず、市民の手から外人へと土地の所有権が移動した形跡は認められないのである。このことは、前四世紀において、外人への市民権ならびに不動産所有権の賦与が比較的まれであったことと並んで、総体的に見れば、この時代のアテネが、ポリス特有の閉鎖性をなお健全に保っていた事実を物語るものといえよう。

衰退への過渡期

前四世紀のアテネは、ペロポネソス戦争をはさんで、それ以前の最盛期とはたしかに社会の様相を異にしているように見える。ポリス存立の基礎をなす土地の所有関係、デーモスの機能、あるいは市民たちの意識といったものに、最盛期には認められない一種の崩れが見られるのである。しかし、それはまだ決定的な崩壊を告げるには遠い。アテネ社会は、内部に動揺の芽を育てながら、前五世紀と、前三世紀以降の完全な衰退期とを架橋する永い過渡期に今さしかかっているのである。

デロス同盟の盟主としての、かつての勢威は今やない。ポリスとしての基本的あり方にもひずみが生じている。しかし、アテネの活力はなお衰えを見せない。そのしるしは、いたるところに明らかである。

前四〇三年に復活した民主政は、以後、安定した歩みをつづける。市民たちの意識や行動に前述のような変化が現れると同時に、ポリス民主政の理念と現実との間には少なからぬ隔たりが生ずるが、他方において、政治的平等の実現のためにいっそうの工夫が加えられ、前五世紀にくらべて、制度的にはむしろ洗練緻密の度を高めている、と評してよい。

ペロポネソス戦争によってもたらされた混乱のなかで、一時その施行が停止されていたペリクレスの法も、前四〇三年、ただちに復活する。そして、デーモスの機能の低下によってその実効に疑いが生ずると、ポリスは市民と外人との通婚自体を規制する新たな法を制定して、ペリクレスの法の徹底を側面から図《はか》ろうとさえするのである。市民たちの共同体意識の弛みにそれなりの対応を示すこの時期のアテネに、われわれは、ポリス健在のしるしを読みとることができよう。

経済の繁栄

前四世紀に入ると、経済の復興も急速に進んだ。ペルシア戦争以後、アテネは東地中海の交易の中心として、古代世界の水準をもってすれば、異例ともいえるほど流通経済の発展を見た。前四世紀もこの傾向は変わらない。みずからの船で、あるいは他人の船に便乗して、遠く黒海沿岸、エジプト、シチリアにまで取引に出かける海外交易商人たちが、ギリシア各地から、アテネを絶好の通商基地とみなして集まった。

アテネの海外交易は、これら外人商人に多くを依存していた。アテネにとってもっとも主要な輸入品は穀物であり、輸出品としては、特産のオリーブ油や陶器があった。ラウリオン銀山産出の銀をもとに鋳造された良質のアッティカ銀貨も、交易の有力な武器であった。

手工業については、数十人から百人を越える奴隷を使役した大規模な製作場が前五世紀末から前四世紀にかけて、数例知られている。ペロポネソス戦争中に活躍したデマゴーゴスに富裕な手工業者が多かったことは、すでに前節で述べたが、この時代にも、リュシアス、イソクラテス、デモステネスらの弁論作家がそろって手工業者の家柄の出であったことは興味深い。

この種の手工業経営については、その規模、経営者の財産構成および経営とのかかわり方、それに奴隷使役の実態などが、法廷弁論によって詳しく知られている。彼らの経営する製作場が近代の工場と根本的にちがうことは、それによって明らかであるが、手工業に対するポリスの態度も、われわれの目からすれば、かなり奇異なものであった。

国内の手工業を育成するための保護関税とか、輸出奨励策とかは、ポリス市民の念頭にはそもそもなかったらしい。穀物輸入を確保することは、アテネにとって死活の問題であったから、これについてはさまざまな制度上の工夫や立法措置を講じている。しかし、手工業に関する経済政策の類は、なにも伝えられていないのである。

経済政策の不在

国家が積極的に経済活動に関与する、という考え方に、ギリシア人は無縁であった。穀物対策にしても、ポリスがなしえたことは、貿易関係の訴訟を迅速に、しかも外人にことさら不利にならないように配慮するとか、交易資金の貸付を規制して、アテネへの輸入を確保するとかにとどまり、輸入自体は、多数の外人をふくむ商人たちの活動にこれを一任していた。

ラウリオン銀山の経営についても同様の傾向がうかがえる。アテネの経済的繁栄に貢献するところすこぶる大きかったこの銀山は、国有であるが、採掘は個々の鉱山経営者に委ねられた。彼らは一定の期間、ポリスに賃借料を払って、特定の鉱区の採掘権を得るのである。この契約文書をしるした碑文が、前四世紀について多数出土しているが、そこからわかる重要な事実は、鉱山経営者が、原則として市民に限られるということである。これは、商業や手工業の場合と、はなはだ様子《ようす》を異にする。地下資源は市民全体の財産であり、したがって、市民団に属さない外人には採掘の権利を認めないというのが、そこでのアテネ人の論理であった。ここにもポリスの閉鎖性のひとつの表れを見ることができる。

前四世紀も半ばをすぎると、ペロポネソス戦争による打撃からようやく回復して、ラウリオン銀山はふたたび高潮期を迎える。以後この世紀を通して、上記の閉鎖性はほぼ完全に守られるのである。

三分の一が奴隷

ラウリオン銀山に関して、もう一つ注目されるのは、ここで大量の奴隷が使役されていた事実である。シチリアで刑死したニキアスは千人の鉱山奴隷をもち、これを鉱山経営者たちに賃貸していたと伝えられるし、デケレイア占領後、スパルタ側に走ったとトゥキュディデスのいう、アテネの奴隷約二万のうち、相当数はラウリオンの鉱山奴隷であった、と推定されている。

いったい、前五世紀ないし四世紀のアテネではどのくらいの数の奴隷が使役されていたのだろうか。盛衰はむろんあろうし、統計とは縁のない世界なので確かなことはわからない。学者による数字の開きはかなり大きい。ここでは仮に、最盛期に関し、多目に見て八万ないし十万、アッティカ全人口の約三分の一という数をあげておこう。この比率はきわめて高いとみなくてはならない。

ペルシア戦争以後、アテネには、トラキア、小アジア奥地のフリュギア、黒海北岸のスキュティアなどから非ギリシア系の奴隷が大量に輸入され、市民たちの生活のあらゆる部門において不可欠の存在となった。農業や家内の雑事だけでなく、流通経済の発展にともない、商業や手工業、前四世紀に入って両替業をもとに成立したと考えられる初歩的な銀行業、それに鉱山業といった諸分野で、労働の重要な担い手として盛んに使われるようになるのである。

前五、四世紀のアテネは、前三世紀から後二世紀にかけてのローマとならんで、世界史上もっとも典型的に奴隷制度の発達を見た社会であった。この時代のアテネでは、市民の間での自由と平等が、完全に近い形で実現されている。ほかならぬそのアテネで奴隷制度の典型的な成立を見た事実は、ポリス民主政が「支配」を不可欠の存立条件としていることを、別の側面から物語るものといわなくてはならない。

奴隷所有者の意識

ところで、前三五〇年ごろ、前述のラウリオン銀山を頼りに、当時かたむきかけていたアテネ財政の再建案を立てた人物がいる。ソクラテスの弟子の一人クセノフォンである。彼は、トゥキュディデスが未完のまま筆をおいた前四一一年以後のペロポネソス戦争の歴史と、前四世紀前半のギリシアの歴史とをつづる『ギリシア史』の筆者であるが、その著作活動の幅は実に広く、とうていこれを歴史家のそれとして律するわけにいかない。

上記の提案をしている『歳入論』も、時事評論的パンフレットとでもいうべきもので、そこにおいてクセノフォンは、アテネ経済の重要な担い手である外人を誘致する策をかかげると同時に、国家が奴隷を購入し、それを採掘に携わる市民たちに賃貸することを勧奨しているのである。集めた賃貸料をふたたび奴隷購入にあて、さらに収益の増大を図る、といった念の入れ方であるが、そこには、いかにもポリス的な特徴が出ている。

まず、国家がみずからの手で銀山を経営し、そこに歳入源を求めるといった考え方がすこしも見られない。クセノフォンに奴隷賃貸を思いつかせたのは、前五世紀のニキアスなど富裕者の同様の事例であるが、このように、個々の市民も、大量に鉱山奴隷を所有する場合、それを効率的に組織し、みずから経営のイニシァティヴをとって富の蓄積を図るという姿勢がいっこうに見られない。他人に奴隷を貸し付け、一定の賃貸料を取る、いわば利子取得者的な傾向がつよいのである。

規模の大きな手工業製作場の所有者とても、これと同様で、腹心の奴隷に経営のいっさいを委ね、みずからは一定の収益を受け取るだけというのが普通であった。下層市民の場合でも、生活のために手の技にしたがうことはあっても、労働そのものに価値を認めず、機会さえあれば、国家から給付される各種の手当に頼ろうとする気風が濃厚であった。これは、奴隷の存在のうえにその生活を成り立たせていたポリス市民に共通の考え方であった。

クセノフォンとギリシア人の国外傭兵

クセノフォンは著作家として多様な活動を示しただけではない。その行動においても端倪《たんげい》すべからざるところがあった。

前四〇一年、イオニア支配のために派遣されていたペルシア王の弟キュロスが王位を狙って反乱をおこした。彼の頼りの一つはギリシア出身の傭兵たちであった。

当時、ペロポネソス戦争の戦禍で土地を離れた農民や政治的亡命者が、生活のために他国の傭兵となる傾向がひろがりつつあった。民主政復活後のアテネのように経済の繁栄を見、政治的にも比較的安定していて深刻な党争を経験しないところは、むしろ例外であった。多くのポリスにおいて、下層市民の生活は困窮の度を加えた。彼らは、ときに土地再分配や負債帳消しの激しい要求をかかげ、これが国内の党争をさらに深刻なものとした。無産者たちは生活に窮すれば、糧を求めて国外で傭兵となり、亡命者たちもこの群れに加わった。

このような傾向は時を追って顕著となり、前四世紀のギリシア全体をおおう社会問題と化するのである。

キュロス反乱軍の一翼を担う万余のギリシア人傭兵隊のなかに、クセノフォンの姿もあった。富裕な家に生まれ、貴族主義的な考え方の持ち主であったクセノフォンにとって、アテネの民主政は居心地の悪いものであったのだろう。ソクラテスの忠告をふりきって、彼は東方に新天地を求めた。

予想もしない苦難が彼を待ちかまえていた。反乱軍は、ユーフラテス下流クナクサでの会戦で勝利をおさめたものの、キュロスが戦死して瓦解した。敵中深くとり残されたギリシア傭兵たちは活路を北方に求める。彼らはクセノフォンを指揮官に選び、ティグリス河に沿って北上し、さらにアルメニア山地を横断して、黒海沿岸にたどりつくことに成功した。未知の土地での、この苦難に満ちた退避行を、クセノフォンはのちに『アナバシス』に描く。

黒海沿岸に出たクセノフォンは、当時この地方を掌握していたスパルタ軍との接触を深め、アテネ市民権を剝奪されて帰国の望みを断たれたのちは、敬愛するスパルタ王アゲシラオスについてスパルタにおもむく。そしてエリス地方オリンピアの近くに土地を与えられて、農業経営の体験を積むかたわら、旺盛な著作活動を行うのである。彼は、スパルタが覇権を失ったのちコリントに移り、やがて市民権を回復してアテネに帰ったとも、コリントにとどまり、そこで死んだともいわれる。

ポリス市民ソクラテス

半世紀に近いクセノフォンの海外生活は、ポリス市民の伝統的な生き方からすれば、はなはだ異質な部分を含んでいる。そこには新しい時代の動きが影を落としている、と見ることもできる。

そのことは、彼の師ソクラテスの生き方とくらべるとき、明らかとなる。ソクラテスこそ、アテネの良き時代に生涯の大半を送った、筋金《すじがね》入りのポリス市民であった。クセノフォンと対照的に、彼はペロポネソス戦争従軍のために海外へおもむいたほかは、終始アテネ国内にあって市民の子弟の訓育に余念がなかった。いったん戦場に立てば豪毅不屈の戦士であり、国内にあるときも評議会議員の役を果たし、アルギヌサイの海戦での責任を追及して指揮官たちの処刑を性急に主張する民衆に対して、一人立って反対する骨っぽさを見せた。

ソクラテスにとって、得意の対話を通じて市民たちの魂に語りかけることは、アテネ人としての彼自身に与えられた使命であった。彼はこの仕事を生活の手段と見ることを潔しとせず、友人弟子の援助で暮しをたてた。逃亡のすすめに応じることなく、市民たちの判決のままに毒をあおいだのも、ソクラテスにとっては当然の身の処し方といえた。ときに前三九九年、それは典型的アテネ人の見事な生の完結であった。

哲人ソクラテスとソフィスト

ソクラテスの仕事の直接の前提をなしたのは、前五世紀に現れたソフィストたちの活動である。彼らは弁論・修辞の職業的教師で、民会や法廷において黒を白といいくるめる押しの強さもときに必要とされる民主政期のポリスに、まさに適合的な存在だった。ことに、民主政の本山アテネでの彼らに対する需要と人気は高く、各地からソフィストが流れこみ、報酬をとって市民の子弟の教育にしたがった。

彼らの主張は、行き着くところ、真理の相対性の強調となったが、ソクラテスはこれを批判して、善とはなにかを真摯《しんし》に追究すべきだとし、「産婆術」といわれる独特の対話法を駆使しながら市民の啓蒙に努めた。それは人々に無知を自覚させ、常識や旧来の偏見を論破するものであったから、市民たちの反感を買い、伝統主義者からは、ソフィストと同じ新しがり屋の危険分子とみなされた。

ポリス伝統の神々への信仰を傷つけ、青年たちを迷わせるという理由で、ソクラテスはアニュトス一派の告発を受ける。彼はみずからの立場を民衆法廷で訴え、そのさいの毅然たる態度がまた審判人たちの反感を買って、死刑の判決となった。

宇宙を成り立たせ、それを動かしている根元はなにか。タレスからデモクリトスにいたるギリシア哲学の最大の関心はそこにあったが、ソフィストをへて、ソクラテスにおよんで、ここにはじめて人間と社会が哲学的思索の主題として真正面から見すえられることになった。ソクラテスの人と思想は、その最大の弟子プラトンの稀有の文才によって、私たちの前に不朽の像を結んでいる。しかし、プラトンの数多くの対話篇は、なによりもまず、作者自身の思索の表現である。それらは彼の弟子アリストテレスの体系的な諸著作とともに、ギリシア哲学の最高の達成を示し、以後のヨーロッパ思想史の方向を規定する意味をもった。

ミネルヴァの梟

プラトンとアリストテレス、このギリシアを代表する二人の哲学者が、いずれも彼らの考えうる唯一の国家、すなわちポリスの考察に力を入れているのは、はなはだ意味深いことと

『アテナイ人の国制』写本　19世紀末にエジプトで発見されたパピルス。１世紀末葉のもの

いわなくてはならない。プラトンは中期の代表作『国家』と晩年の大作『法律』において、理想のポリス像を構築し、アリストテレスも『政治学』で、ポリスについて理論的考察をめぐらしている。

しかもアリストテレスの場合、いかにも実証を重んずるこの大家らしく、その背景に、弟子たちを動員しての厖大《ぼうだい》な資料収集があったらしい。これはのちに百五十八篇にのぼる各ポリスごとの国制誌となって結晶したと伝えられ、そのうち、アリストテレス自身の筆になると推定されている『アテナイ人の国制』が、ほぼ完全に近い形で伝存して、アテネの歴史と前四世紀後半における国制とを知るうえに、貴重な史料を提供している。

ミネルヴァの梟《ふくろう》は夕に飛ぶ、という。ギリシア最高の知性によって理論と実証の両面で、かくも精細な考察を施された事実そのものが、ポリスの成熟と衰退、その歴史的使命の完了を表すといえないこともない。

前四世紀のギリシアでは、各ポリスが社会的変質と内部抗争とをかかえながら、相互に対立し、このポリス間の間断のない争いが、さらにまた国内の問題を深刻化させる要因となった。しかもペロポネソス戦争末期このかた、ペルシアの隠然たる力を無視して、ギリシア世界の動きを語ることはできなくなっている。加えて世紀半ばから北方のマケドニアの勢力が伸び、これとの対決がポリス世界の最大の課題となる。

ここにいたって、ポリスの無力は明らかであった。ポリスによって衰退に遅速の差が認められ、また、アテネを中心に、流通経済と精神文化との両面で、ギリシアはなおも瞠目《どうもく》すべき活力を維持するのであるが、世紀後半、暮色はようやく濃い。

「大王の和約」

ギリシア世界に対するペルシアの影響力を如実に示すのが、前三八六年の「大王の和約」である。これは前三九五年に始まったコリント戦争の終結を告げる条約であるが、この戦争自体が、実はペルシアの働きかけによって起こっている。ペロポネソス戦争終了後、イオニア諸市の支配をめぐってスパルタと争ったペルシアは、アテネ、コリント、アルゴス、それにテーベを使嗾《しそう》して、スパルタに対し戦端を開かせる。

この対スパルタ牽制策は、多大の経済援助をともない、これによって、とりわけアテネはいちじるしく国力を回復した。ギリシア諸市の間の力の均衡をはかり、たがいに競合させながら影響力を行使しようとするペルシアにとって、やがてアテネが危険な存在となった。ここにおいてスパルタの使節アンタルキダスの交渉が功を奏し、ペルシア王の主導のもとに、小アジア、キプロスのペルシアへの服属と、他のギリシア諸市の自由独立を骨子とする講和条約が成立する。ペルシアの力を後楯《うしろだて》とし、「大王の和約」を巧みに利用しながら、スパルタの覇業はすすめられる。

そのスパルタの前に立ちふさがったのが、ペロピダスとエパミノンダスの率いるテーベである。

テーベの興隆

スパルタのギリシア諸市支配の方策は、ポリス連合の解体と寡頭派政権の押しつけとの二つであった。ボイオティア同盟の解散を強制され、策略をもってスパルタ軍に占領されたうえ、寡頭派政権の支配をこうむるにいたったテーベは、スパルタの強引な制覇のための策動を極端な形で体験したことになる。反発は当然つよい。前三七九年、テーベ民主派は反乱をおこす。彼らはアテネの援助のもとに独立を達成したのち、ボイオティア同盟の再建に努め、数年にして所期の目標を達した。ペロピダスのもと、テーベの国力は急激に上昇する。

スパルタ、アテネ、テーベ、それにペルシアもからんだその後のギリシア本土内の諸勢力の角逐は錯雑《さくざつ》をきわめる。

このような情勢に一つの転機をもたらしたのが、前三七一年のテーベ西南レウクトラでの戦いであった。ボイオティア同盟をあくまで否認するスパルタが、この年、兵をボイオティアに入れると、テーベはペロピダスの盟友エパミノンダスの考案した重装歩兵密集隊形の一変型、いわゆる斜線陣をもってこれを破り、スパルタのギリシア本土における勢威を一挙に失墜させた。

代わって、テーベの対外進出の勢いには、目をみはらせるものがあった。エパミノンダスは四度にわたってペロポネソス半島に侵入し、アルカディア同盟の結成を助け、また、メッセニア人を数世紀にわたるスパルタ人の軛《くびき》から解き放った。このメッセニア独立は、とりわけ、スパルタに致命的打撃を与えた。

テーベはまた、北方のテッサリアやマケドニアへも、その政情不安に乗じて干渉の手を伸ばした。この方面で活躍したのはペロピダスである。のちのマケドニア王フィリポス二世も、人質としてテーベに滞在したことがあるという。

テーベの急墜とアテネの再興

しかしテーベの活躍は、ギリシア本土の諸勢力の対立抗争をしずめるどころか、それをいっそう激化させ、複雑化させる役割しか果たさなかった。あいつぐ戦乱が、テーベにとっても結局、命とりとなる。ペロピダスがまず北辺で戦死し、エパミノンダスも、前三六二年、アルカディアのマンティネイアで、スパルタ・アテネなどを敵として行われた決戦で戦死して、以後テーベの力は急激に衰えるのである。

スパルタ・テーベのあいつぐ勢力失墜によって、アテネのギリシア世界における比重はふたたび増した。

前四世紀に入るとまもなくペルシアの援助でアテネはその国力をいちじるしく回復し、「大王の和約」ののちもスパルタに対抗しうる有力ポリスとしての地位を保持していたが、前三七七年、いわゆる第二回アテネ海上同盟を組織して、再発展の基礎を築いた。この同盟はかつてのデロス同盟とはちがい、加盟諸市に貢租を課したり、駐留軍を置いたり、アテネ市民の不動産取得を認めさせたりしない建て前だった。この取り決めは、アテネ民会決議の形で公にされ、碑文にも刻まれて今日に遺されている。

だが、加盟諸市の自治尊重というこの原則は、前三六〇年代、テーベの勢力増大とともに崩れ、アテネの同盟支配が強化された。この傾向は、前三五〇年代に入るといっそう顕著となり、アテネの支配圏が拡大される反面、加盟諸市の反発と離反を招いて、結局はアテネの勢威の減退につながるのである。

マケドニアの進出

そのころ急速に台頭してきたのが、北方のマケドニア王国である。前三五九年に即位したフィリポス二世のもとで財政を整備し、軍制の改革に成功したこの国の存在は、争乱に明け暮れて疲弊の色濃いポリス世界にとって、このうえない脅威となった。強力な王の出現により、個々のポリスとくらべて桁《けた》はずれに広い領域が、単一の国家として統一されている。そこには若々しい活力があふれ、資源も豊かである。

フィリポスはトラキアに進出して、例のパンガイオン金山を手中におさめ、また、デルフィをめぐる中部ギリシアでのギリシア諸勢力の戦いに介入してテッサリアをしたがえた。トラキア南岸カルキディケ半島の有力市オリュントスが、前三四八年、マケドニア軍によって徹底的に破壊されたのも、大きな事件であった。

マケドニアのオリュントス攻囲にあたり、援軍派遣を力説してやまなかったのが、アテネの弁論家デモステネスである。マケドニアの進出にさいし、これを受けて立つポリスは、アテネ以外にない。ところがそのアテネ国内では、親マケドニア派と反マケドニア派とが鋭く対立していた。デモステネスは、後者の代表的論客であった。彼は富裕な手工業者の家の出である。幼時に父をなくし、後見人に遺産を横領されたため、その返還を要求して裁判で争い、以後、このときの経験を生かして訴訟当事者の弁論を代作する、今日の弁護士に近い仕事で生活を立てた。その弁論の範囲は、私法関係の裁判から政治にかかわる重要な公法上の裁判へとひろが

デモステネス

り、同時に、民会でアテネ内外の諸問題について自身の意見を表明するようになる。彼ははじめ穏健な和平派の指導者エウブーロスの影響のもとにあったが、やがてそこを離れ、フィリポスのトラキア進出に直面すると、ポリスの危機を訴え、市民たちに決起を促してやまなかった。

マケドニアのギリシア支配――コリント同盟

前三三九年、マケドニア軍のビュザンティオン攻撃を機に、アテネは正式に開戦を通告した。フィリポスは軍を率いて南下、ボイオティアをうかがう。アテネはテーベと同盟を結び、ボイオティア北部カイロネイアで、前三三八年、マケドニア軍を迎え撃った。戦いは完全にフィリポスの勝利に帰する。いまや彼の前に歯向かうポリスはひとつもない。即位から二十年、フィリポスはついにギリシアの覇者となった。

戦後の処理にさいし、王はテーベには厳しい条件を課したが、アテネに対しては比較的寛大であった。マケドニアの覇権を認めまいとするスパルタの消極的抵抗をも王は黙殺した。

フィリポスはこのスパルタをのぞく他のギリシア諸市の代表をコリントに集め、みずから主宰して、今後のギリシア世界の在り方を協議させた。翌三三七年に成立した、いわゆるコリント同盟（ヘラス連盟）はその結実である。同盟は、加盟諸市の自由と独立、諸市相互の間における平和の維持、諸市内部の現状維持の三点を原則として掲げた。しかし盟主として外交・軍事の実権を掌握したのは、マケドニア王フィリポスであった。

各ポリスは国家としての自立を許され、また、永年にわたるギリシアの争乱にも、はじめて終止符が打たれた。政体や財産所有関係を現状のままで凍結する規定も、激化しつつあるポリス内部の党争を終熄《しゅうそく》させる効果をもった。従来のポリス世界とは異質の、比較にならないほど強大な外部からの力によって、ギリシアには久しぶりに平和がよみがえった。ギリシア人は、これまで経験したことのない統一すら手にすることができたのである。

しかし、その代価は高かった。小なりとはいえ、ポリスは完全な独立国家であった。国内の問題にせよ、対外関係にせよ、すべてがその成員である市民みずからの意志によって決定される。これがポリスのポリスたるゆえんであった。ところがいまや、国政の基本的あり方の変更や、経済上の抜本的改革は、コリント同盟の名において、しかし実はマケドニア王の意向によって、厳に禁じられている。

そこでのポリスの「自由」とは、一体なにか。国家としての独立が保たれているといえようか。同盟の外交・軍事にかかわる決定と執行が事実上フィリポスの掌中にあるとすれば、なおさらその感が深い。ギリシア諸ポリスは国家としての体面を一応保ちながらも、その実、政治的独立を失った、と評してよい。

マケドニアのギリシア支配はこうして成った。ポリス間の争い、ポリス内部の社会的変質と党争、これらによって本来の活力と、未来に対する展望とを失ったギリシア世界にとって、それは、ある意味で当然の帰結であった。

デモステネスとイソクラテス

しかしまた、反マケドニアの気運も、諸ポリスにおいて、ことあるごとに高まりを見せた。だが、これらの反抗はマケドニアの圧倒的な武力と果断な処置とによって、つぎつぎに鎮定されていく。

前三二三年、アレクサンドロス大王の死後アテネが中心となっておこした、いわゆるラミア戦争も、翌年、テッサリアのクランノンの戦いでギリシア連合軍がアンティパトロス麾下のマケドニア軍に敗れて、ポリス独立の最後の望みが断たれた。アテネ政界にあって、この時代一貫して反マケドニア運動の先頭に立ち、ギリシア諸勢力の糾合に中心的役割を果たしたデモステネスも、アンティパトロスの手勢の追及をうけて自殺した。

ポリス世界の頽勢にさからって闘い、祖国のマケドニアへの最終的屈伏とともに命を絶ったデモステネスこそ、盛期ポリスの最後を象徴する存在というにふさわしい。弁論家あるいは政治家として彼がこの時代に演じた役割は、よくイソクラテスのそれと対比される。

イソクラテスはデモステネスより半世紀早く、同じく富裕な手工業者の子としてアテネに生まれた。修辞学を完成し、弁論術の大家として、また政治評論家として、その活動は全ギリシアに聞こえた。稀有の長寿を保った彼は、晩年、はるかに後進のデモステネスと同時代に生き、マケドニアの進出をいかに評価し、また、これに対しいかに対処すべきかについて、正反対の論陣を張ることとなる。

彼はフィリポスにギリシアの統一と、その上に立ってのペルシアへの東征を期待する。ギリシア全土をおおう争乱、諸ポリス内部における対立の激化と無産市民の増大。深刻化するギリシアの現状を救う力は、もはやポリスの内部にはない。

このイソクラテスの判断はたしかに正鵠《せいこく》を射ていた。カイロネイアの戦いからコリント同盟の成立、さらにアレクサンドロスの東征へと、その後の歴史の歩みは着実に彼の主張に沿って進んだ。

イソクラテスの主張に先見の明を見ることはたやすい。しかしポリスの枠を未来への発展をさまたげる桎梏《しっこく》とみて、それを越える視野と構想とを示したイソクラテスをとるか、ポリスこそギリシア人の拠るべき場と観じ、その政治的自由のために殉じたデモステネスをとるかは、はなはだ難しい問題である。ポリス世界にとって、マケドニア王のもとでのギリシア統一がなにを意味したかを考えるとき、その感はますます深い。イソクラテスにしても、その目的とするところは、アテネをはじめとするギリシア諸市の難局打開にあったはずである。その観点からすれば、以後の歴史が彼の予期した通りの展開を示したとは、必ずしもいえないのである。

ポリス世界の変容——スパルタの場合

本来の活力をすでに失っているポリス世界にかつての栄光をよみがえらすことは、もはやなにびとにも不可能であった。歴史の主導権は強大な専制君主たちの手中に移り、ポリスは傍役《わきやく》の地位に甘んじなくてはならなかった。内部の社会的変質はとどまるところをしらない。ポリスは確実に衰退への道を歩んでいく。

前三三五年、マケドニアへの反抗に失敗し、アレクサンドロスによって抹殺にもひとしい苛酷な扱いを受けたテーベの場合は論外としても、ラミア戦争以後、ことに前三世紀に入ってからのポリス世界の変容はいちじるしい。この世紀の後半、アギス四世およびクレオメネス三世という二人の王があいついで社会改革を企てたスパルタにおいて、われわれは、ある程度くわしく、その間の事情をうかがい知ることができる。

一体にペロポネソス戦争がスパルタに与えた影響は、敗れたアテネの場合よりも、はるかに深刻であった。勝者としてスパルタ市民が戦後ギリシア各地で貨幣経済の風にふれたのが機縁で、それまで海外との経済的交渉を絶ち、貴金属貨幣の使用も禁じていた、この極度に封鎖的なスパルタ社会は、免疫性のとぼしさから、かえって急速な崩れを見せることになる。

国家のつよい規制のもとにあった土地もどうやら売買の対象となり、スパルタ国家の中核をなす平等者《ホモイオイ》の経済的基盤がゆらぎ始める。このころエピタデウスというエフォロスの提案で、土地の贈与あるいは遺贈を許す法が成立し、少数者への土地集中を促すきっかけとなった、とプルタルコスは伝える。

前四世紀のアテネでは、土地の売買は行われるようになっていたが、世襲不動産の相続に関する市民たちの自己規制はなお厳格に守られていた。したがって、スパルタでの土地所有にかかわる規制の弛みは、同時代のアテネよりさらに進んでいたことになる。その結果、前四世紀後半のスパルタでは、貧富の差が増大し、少数者への土地集中が顕著となった。そのことを伝えるアリストテレスは、また、国土の五分の二が女性たちの手に集まったという、やや奇異な現象をもあわせて報告している。

前三世紀に入ると、このような傾向はますます進む。土地を失い、共同食事に出席できなければ、スパルタ市民としての完全な資格を奪われる——それがこの国の定めであった。アギス王の改革直前の状態について、プルタルコスは、市民資格を保持する者七百、そのうち土地所有者は百人あまりだったと伝える。

国政運営はいうにおよばず、対外防衛の見地からしても、これはゆゆしい問題であった。かつてのリュクルゴス体制への復帰——二人の改革王の目標はそこにおかれていた。負債帳消しと土地再分配という、当時としてはもっとも尖鋭な手段が指導者の側から積極的にとられたところに、事態の重大さを想像することができよう。

しかし、結果は失敗だった。アギスは反対派によって殺され、彼の志をついだクレオメネスも対外関係でつまずき、前二二二年、スパルタの北方セラシアでのマケドニア軍との戦いに敗れて、改革半ばでエジプトに亡命してしまった。そこで待っていたのは、窮死の運命であった。

二人の王のせっかくの意図も、スパルタ内外における富裕者たちの強固な壁にさえぎられて挫折した。いずこを問わず、時代はすでに彼ら富裕者を中心にまわり始めていた。ポリスの栄光を支えた市民たちの政治的・社会的な自由と平等は、今やまったく形骸化していた。

アテネ民主政の終焉

前三二二年、ラミア戦争の終結は、アテネの歴史にとってたしかに重要な画期であった。マケドニア軍の駐留のもとで、上層市民九千人が政権を握る一種の寡頭政が成立する。アテネ民主政はこの時点で終局を迎えたといってもよい。そして国家としての独立も、事実上、終わりを告げた。

以後のアテネには、アレクサンドロスの跡目《あとめ》をねらう有力者たち、ヘレニズム諸王国、そしてのちには西方のローマの介入が絶えることなく、そこで廃されては蘇る「民主政」も、かつてのそれとは大事な点で違っている。

たとえば、前三〇九年、アテネでは富裕者による各種の公共奉仕《レイトゥルギア》が廃止された。ポリス民主政を象徴し、事実、その財政に大きな比重を占めたこの制度は、以後、復活することがなかった。民会や法廷への出席手当もなくなった。富裕者に分が悪く、下層市民にとり益するところ多かったアテネ民主政は今やない。前三〇一年には、市民はすべて戦士たるべしという、あのポリス特有の原則が廃され、志願者と傭兵とが軍事の担い手となった。これもきわめて大きな変化である。

しかし、なによりも、政治の実権が、そのときどきの外部勢力と結んだ富裕者の手中に掌握されるようになったのが、この時代の特徴であった。財政の不足は要職にある市民の醵《きょ》出《しゅつ》で補う――従来の公共奉仕に代わるこのような制度が、いやおうなしに、富裕者による政権独占へと導くのである。きたるべきローマによるギリシア支配は、まさにこのような構造のうえに成立することになるのである。

アイトリア同盟とアカイア同盟

前三世紀の東地中海地方は、もはやポリスの世界とはいいがたい。そこはマケドニア・シリア・エジプトの三王国の角逐の場と化し、世紀後半には、西方からのローマの進出がいちじるしい。その間にあって、ギリシア諸ポリスの無力はだれの目にも明らかであった。領域国家の強大な武力がすべてを制する時代となった。この面からいっても、ポリスの歴史的使命はすでに終わっていた。

はるか西方のローマの人々からも憧憬《しょうけい》の念をもって見られていた学芸の中心アテネのような存在を別にすれば、この時代、ギリシアを代表して、わずかに気を吐いていたのは、アイトリア同盟とアカイア同盟の二つだけであった。これらはアテネのように政治的無力をかこつ存在ではない。二つとも、その由来は前四世紀に遡るが、ギリシア史のうえで表だった活動を示すようになったのは、いずれも前三世紀に入ってからである。

コリント湾をはさんで、本土西部の一角を占めるアイトリアも、また、ペロポネソス半島北岸一帯を占めるアカイアも、ともにポリス形成のおくれた、いわばギリシアの後進地域にあたっていた。それだけに、ポリスの衰微したこの時代にも、その住民たちはなお野性と活力とを保持し、在来のポリスの枠にとらわれない政治組織をつくりえたのであった。

二つの都市同盟は、ポリスの全盛期を象徴するデロス同盟とかペロポネソス同盟とかとは、かなり性格を異にする。大事な点は、後の二つに見られる盟主ともいうべき指導的ポリスの存在が、アイトリア・アカイア両同盟の場合は欠けていることである。

加盟諸市は一応独立の政治的単位であるが、同盟自体も役人・評議会・同盟総会を備え、これらは軍事・外交・同盟全体にかかわる行政について、決議と執行の権限をもつ。同盟の構成員である成年男子住民は、個々のポリスの市民であると同時に、同盟市民権をも有する。一つ一つのポリスが国家としての完結性をもち、むしろその点につよく執着していたかつての同盟とは明らかに違うのである。

残照の消滅——ローマのギリシア進出

新しい同盟は、一種の連邦のようなものと考えればよい。そこには領域としてのまとまりがある。このような連邦組織は、よりプリミティヴな形で、古く中部ギリシアの東ロクリスなどにもあったことが碑文史料からわかっているが、それが時代の要請にこたえ、二つの地域に進んだ形で再現されたと見ることもできる。

二つの同盟は、前三世紀の後半から前二世紀の半ばにかけて、ローマ、マケドニア、シリアといった強大な諸勢力と、あるいは結び、あるいは戦って、めざましい働きを見せる。ことにアカイア同盟はアカイア以外のペロポネソス半島諸地域からも多数のポリスの加入を得、アラトス、フィロポイメンといった有為な政治家も出て、大いに気を吐いた。しかしこれとても、かつての栄光の残照にすぎなかった。

ローマのギリシア世界への進出は、前二世紀に入るとますます急となる。アイトリア同盟がまず膝《ひざ》を屈し、ついでアカイア同盟も、前一四六年、ローマに弓を引いて完敗した。同盟市の一つで、当時のギリシアの経済的中心であったコリントは、このときローマ軍によって徹底的に破壊された。

このようにして、ギリシア世界生き残りの、最後の政治勢力というべき二つの都市同盟も潰《つい》え去った。マケドニア王国も、これより先、前一六八年にローマの軍門にくだっている。前二世紀半ば、ギリシア本土は完全にローマの手中に帰したのである。

関連文献

村川堅太郎・秀村欣二『ギリシアとローマ』（『世界の歴史』第二巻）中央公論社　一九六一年
村川堅太郎・長谷川博隆・高橋秀『ギリシア・ローマの盛衰』講談社学術文庫　一九九三年
馬場恵二『ギリシア・ローマの栄光』（『《ビジュアル版》世界の歴史』第三巻）講談社　一九八四年
桜井万里子・本村凌二『ギリシアとローマ』（『世界の歴史』第五巻）中央公論社　一九九七年
桜井万里子編『ギリシア史』（新版『世界各国史』17）山川出版社　二〇〇五年
弓削達『地中海世界』講談社現代新書　一九七三年
伊藤貞夫編『古典古代の歴史』放送大学教育振興会　二〇〇〇年
村川堅太郎『古代史論集』全三巻　岩波書店　一九八六―八七年
弓削達・伊藤貞夫編『ギリシアとローマ――古典古代の比較史的考察――』河出書房新社　一九八八年
岩波講座『世界歴史』第一―三巻　岩波書店　一九六九―七〇年
岩波講座『世界歴史』（新版）第四・五・七巻　岩波書店　一九九八年
歴史学研究会編『地中海世界史』全五巻　青木書店　一九九九―二〇〇三年
伊藤貞夫・樺山紘一編『地中海世界の歴史像』放送大学教育振興会　二〇〇二年
伊藤貞夫・本村凌二編『西洋古代史研究入門』東京大学出版会　一九九七年
M・ウェーバー（渡辺金一・弓削達訳）『古代社会経済史――古代農業事情――』東洋経済新報社　一九五九年
M・ウェーバー（世良晃志郎訳）『都市の類型学』創文社　一九六四年
太田秀通『ミケーネ社会崩壊期の研究――古典古代論序説――』岩波書店　一九六八年
村田数之亮『英雄伝説を掘る』（『沈黙の世界史』第三巻）新潮社　一九六九年

周藤芳幸『ギリシアの考古学』同成社　一九九七年
H・シュリーマン（W・シュミート編・桃井直達訳）『ホメロスなくしてトロヤなし――二〇年間の考古学的研究――』筑摩書房　一九六六年
D・トレイル（周藤芳幸・澤田典子・北村陽子訳）『シュリーマン――黄金と偽りのトロイ――』青木書店　一九九九年
J・チャドウィック（大城功訳）『線文字Bの解読』みすず書房　一九六二年
J・チャドウィック（安村典子訳）『ミュケーナイ世界』みすず書房　一九八三年
M・I・フィンリー（下田立行訳）『オデュッセウスの世界』岩波文庫　一九九四年
高津春繁『ホメーロスの英雄叙事詩』岩波新書　一九六六年
久保正彰『「オデュッセイア」――伝説と叙事詩――』岩波書店　一九八三年
川島重成『「イーリアス」――ギリシア英雄叙事詩の世界――』岩波書店　一九九一年
藤縄謙三『ホメロスの世界』新潮選書　一九九六年
藤縄謙三『歴史学の起源――ギリシア人と歴史――』力富書房　一九八三年
藤縄謙三『ギリシア文化の創造者たち――社会史的考察――』筑摩書房　一九八五年
藤縄謙三『歴史の父ヘロドトス』新潮社　一九八九年
久保正彰『西洋古典学――叙事詩から演劇詩へ――』放送大学教育振興会　一九八八年
逸身喜一郎『古代ギリシャ・ローマの文学――韻文の系譜――』放送大学教育振興会　二〇〇〇年
川島重成・高田康成編『ムーサよ、語れ――古代ギリシア文学への招待――』三陸書房　二〇〇三年
川島重成『ギリシア悲劇――神々と人間、愛と死――』講談社学術文庫　一九九九年
久保正彰『ギリシァ・ラテン文学研究』岩波書店　一九九二年

岡道男『ギリシア悲劇とラテン文学』岩波書店　一九九五年
風間喜代三『言語学の誕生――比較言語学小史――』岩波新書　一九七八年
風間喜代三『印欧語の故郷を探る』岩波新書　一九九三年
廣川洋一『ソクラテス以前の哲学者』講談社学術文庫　一九九七年
斎藤忍随『プラトン以前の哲学者たち――ギリシア哲学史講義――』岩波書店　一九八七年
加藤信朗『ギリシア哲学史』東京大学出版会　一九九六年
藤沢令夫『プラトンの哲学』岩波新書　一九九八年
廣川洋一『プラトンの学園アカデメイア』岩波書店　一九八〇年
廣川洋一『イソクラテスの修辞学校――西欧的教養の源泉――』岩波書店　一九八四年
E・R・ドッズ（岩田靖夫・水野一訳）『ギリシァ人と非理性』みすず書房　一九七二年
J・J・ポリット（中村るい訳）『ギリシャ美術史』ブリュッケ　二〇〇三年
村川堅太郎編『ギリシアの神殿』（『世界の文化史蹟』新装版・第三巻）講談社　一九七八年
J・ブルクハルト（新井靖一訳）『ギリシア文化史』全五巻　筑摩書房　一九九一―九三年
W・G・フォレスト（太田秀通訳）『ギリシア民主政治の出現』平凡社　一九七一年
M・I・フィンレイ編（古代奴隷制研究会訳）『西洋古代の奴隷制――学説と論争――』第二版　東京大学出版会　一九七四年
安藤弘『古代ギリシァの市民戦士』（『人間の世界歴史』第三巻）三省堂　一九八三年
仲手川良雄『古代ギリシアにおける自由と正義』創文社　一九九八年
伊藤正『ギリシア古代の土地事情』多賀出版　一九九九年
橋場弦『アテナイ公職者弾劾制度の研究』東京大学出版会　一九九三年

橋場弦『丘のうえの民主政――古代アテネの実験――』東京大学出版会　一九九七年
伊藤貞夫『古典期のポリス社会』岩波書店　一九八一年
伊藤貞夫『古典期アテネの政治と社会』東京大学出版会　一九八二年
桜井万里子『古代ギリシア社会史研究――宗教・女性・他者――』岩波書店　一九九六年
桜井万里子『ソクラテスの隣人たち――アテナイにおける市民と非市民――』山川出版社　一九九七年
ブリックハウス／スミス（米沢茂・三嶋輝夫訳）『裁かれたソクラテス』東海大学出版会　一九九四年
加来彰俊『ソクラテスはなぜ死んだのか』岩波書店　二〇〇四年
中井義明『古代ギリシア史における帝国と都市』ミネルヴァ書房　二〇〇五年
前沢伸行『ポリス社会に生きる』山川出版社　一九九八年
P・カートリッジ（橋場弦訳）『古代ギリシア人――自己と他者の肖像――』白水社　二〇〇一年
周藤芳幸・村田奈々子『ギリシアを知る事典』東京堂出版　二〇〇〇年
古山正人他編訳『西洋古代史料集』第二版　東京大学出版会　二〇〇二年
ホメロス（松平千秋訳）『イリアス』全二巻　岩波文庫　一九九二年
ホメロス（松平千秋訳）『オデュッセイア』全二巻　岩波文庫　一九九四年
ヘーシオドス（松平千秋訳）『仕事と日』岩波文庫　一九八六年
ヘロドトス（松平千秋訳）『歴史』全三巻　岩波文庫　一九七一―七二年
トゥーキュディデース（久保正彰訳）『戦史』全三巻　岩波文庫　一九六六―六七年
アリストテレス（村川堅太郎訳）『アテナイ人の国制』岩波文庫　一九八〇年
プルタルコス（村川堅太郎編）『プルタルコス英雄伝』全三巻　ちくま学芸文庫　一九九六年
クセノポン（根本英世訳）『ギリシア史』全二巻　京都大学学術出版会　一九九八―九九年

クセノポン（松平千秋訳）『アナバシス』筑摩書房　一九八五年
クセノフォーン（佐々木理訳）『ソークラテースの思い出』岩波文庫　一九五三年
クセノポン（松本仁助訳）『小品集』京都大学学術出版会　二〇〇〇年
アンティポン／アンドキデス（高畠純夫訳）『弁論集』京都大学学術出版会　二〇〇二年
リュシアス（細井敦子・桜井万里子・安部素子訳）『弁論集』京都大学出版会　二〇〇一年
イソクラテス（小池澄夫訳）『弁論集』全二巻　京都大学学術出版会　一九九八―二〇〇二年
デモステネス（北嶋美雪・杉山晃太郎・木曽明子訳）『弁論集　3』京都大学学術出版会　二〇〇四年
デモステネス（木曽明子・杉山晃太郎訳）『弁論集　4』京都大学学術出版会　二〇〇三年
プラトン（三嶋輝夫・田中享英訳）『ソクラテスの弁明・クリトン』講談社学術文庫　一九九八年
プラトン（藤沢令夫訳）『国家』（『プラトン全集』第一一巻）岩波書店　一九七六年
プラトン（森進一・池田美恵・加来彰俊訳）『法律』（『プラトン全集』第一三巻）岩波書店　一九七六年
アリストテレス（牛田徳子訳）『政治学』京都大学学術出版会　二〇〇一年
ディオゲネス・ラエルティオス（加来彰俊訳）『ギリシア哲学者列伝』全三巻　岩波文庫　一九八四―九四年
H・ディールス／W・クランツ編（内山勝利他訳）『ソクラテス以前哲学者断片集』全六巻　岩波書店　一九九六―九八年
呉茂一・高津春繁他編訳『ギリシア悲劇全集』全四巻　人文書院　一九六〇年
呉茂一・高津春繁他編訳『ギリシア喜劇全集』全二巻　人文書院　一九六一年
パウサニアス（馬場恵二訳）『ギリシア案内記』全二巻　岩波文庫　一九九一―九二年
アテナイオス（柳沼重剛訳）『食卓の賢人たち』全五巻　京都大学学術出版会　一九九七―二〇〇四年
アイリアノス（松平千秋・中務哲郎訳）『ギリシア奇談集』岩波文庫　一九八九年

年表

時代	西暦	政治・社会	文化
	前二〇〇〇頃	ギリシア人（第一波）、バルカン半島南部に入る	
ミケーネ時代	一六〇〇頃	ミケーネをはじめギリシア本土各地に小王国成立	
	一四〇〇頃	ミケーネ時代の盛期	
	一二六〇頃	ギリシア連合軍、トロヤを攻めて破壊	
	一二〇〇頃	ギリシア本土各地の王城が外敵により破壊される（〜一一〇〇頃）。混乱の時代。ドーリア人などの第二波ギリシア人の侵入定着。鉄器時代始まる	
暗黒時代	一〇〇〇頃	混乱のなか、第一波、第二波のギリシア人ともに一部が小アジア西岸に移動し、定着する	アルファベットの成立
前古典期	七五〇頃	ギリシア本土、小アジア沿岸にポリスの成立を見る。地中海、黒海沿岸へのギリシア人の植民活動始まる（〜五五〇頃）	第一回オリンピア競技会（七七六） ホメロス（七五〇頃）『イリ

時代	年	事項	文化
前古典期	六八三	アテネの任期一年制アルコン職の成立	アス』 ヘシオドス（七〇〇頃）『仕事と日』
	六二一	ドラコンの法	
	五九四	ソロンの改革	タレス(六二四頃～五四六頃)
	五六一	ペイシストラトスの僭主政（～五二七）	イオニア自然哲学の成立
	五〇八	クレイステネスの改革	サッフォー（六一二頃～?）の抒情詩
古典期	四九〇	ペルシア軍の第一次ギリシア本土侵攻。マラトンの戦い	
	四八七	アテネ、アルコン選出に抽籤制を導入	
	四八〇	ペルシア軍の第二次ギリシア本土侵攻。サラミスの海戦	アイスキュロス（五二五～四五六）『アガメムノン』など
	四七九	プラタイアイの戦い。ペルシア軍、本国に向け退く	
	四七七	デロス同盟の成立	
	四六二	エフィアルテスの改革。アテネ民主政の確立	

古典期

四五四	デロス同盟金庫のアテネへの移転。アテネによる同盟支配が強まる
四五一	ペリクレスの提案にかかるアテネ市民権法の成立
四四九	カリアスの平和。ペルシア戦争の終結
四四三	保守派の領袖トゥキュディデスの陶片追放。「ペリクレス時代」（〜四二九）
四三一	ペロポネソス戦争始まる（〜四〇四）
四二九	開戦後蔓延した悪疫のためペリクレス病死。クレオンなどデマゴーゴスの登場
四二一	ニキアスの平和
四一五	アテネのシチリア遠征（〜四一三）
四一三	スパルタ軍によるデケレイア占領
四一一	アテネの「四百人支配」
四〇五	アイゴスポタモイの戦い

ソフォクレス（四九六頃〜四〇六）『オイディプス王』など
エウリピデス（四八五頃〜四〇六頃）『メデイア』など
パルテノンの建立（四四七〜四三二）
ヘロドトス（四八四頃〜四二五頃）『歴史』
アリストファネス（四五〇頃〜三八五頃）『女の平和』など
デモクリトス（四六〇頃〜三七〇頃）の原子論
エレクテイオンの建立（四二一〜四〇六）

古典期

四〇四	アテネの降伏。「三十人僭主」の支配。スパルタの制覇	トゥキュディデス（四六〇頃〜四〇〇頃）『歴史』
三九九	ソクラテスの死	クセノフォン（四三〇頃〜三五五以後）『アナバシス』など
三九五	コリント戦争（〜三八六）	プラトン（四二九頃〜三四七）『国家』など。学園アカデメイアの創設（三八五頃）
三八六	「大王の和約」	アリストテレス（三八四〜三二二）『政治学』など。リュケイオンに学園を開く（三三五）
三七七	第二回アテネ海上同盟の成立	イソクラテス（四三六〜三三八）とデモステネス（三八四〜三二二）の時評家、弁論作家としての活動
三七一	レウクトラの戦い。テーベの覇権確立	
三六二	マンティネイアの戦い。エパミノンダス戦死。テーベ衰える	
三五九	マケドニア王フィリポス二世即位（〜三三六）	
三四〇	デモステネス、反マケドニア同盟の結成に尽力、テーベを味方に引き入れる（〜三三九）	

ヘレニズム時代		
三三八	カイロネイアの戦い。マケドニアのギリシア本土制覇	ゼノン（三三五〜二六三）ストア学派を創始（三〇〇頃）エピクロス（三四一〜二七〇）もアテネで学園を開き、学派の基礎を築く プトレマイオス一世によるムーセイオンの建設（二九〇頃） アルキメデス（二八七頃〜二一二）『球と円柱について』など
三三七	コリント同盟成立	
三三六	フィリポス二世暗殺をうけ、アレクサンドロス即位	
三三四	アレクサンドロス東征に発つ	
三三一	ガウガメラの戦い	
三二三	アレクサンドロス、バビロンにて死す。後継者戦争始まる（〜二七六）	
三二二	クランノンの戦い。アテネ民主政の終焉。デモステネスの死	
二四四	スパルタ王アギス四世の改革（〜二四一）	
二二七	スパルタ王クレオメネス三世の改革（〜二二二）	

時代	年	事項	文化
ヘレニズム時代	一六八	ピュドナの戦い。ローマ、マケドニアを支配下に収める	
	一四六	ローマ、アカイア同盟を破る。コリントの破壊	ポリュビオス（二〇〇頃～一一八頃）『歴史』
	六三	セレウコス朝シリア王国滅ぶ	
	三一	アクティウムの海戦。オクタウィアヌスの勝利	キケロ（一〇六～四三）の哲学者、弁論家としての活動
	三〇	プトレマイオス朝エジプト王国滅ぶ。ローマによる地中海世界の統一成る	ウェルギリウス（七〇～一九）『アエネイス』
			リウィウス（五九頃～後一七頃）『ローマ建国史』
ローマ帝政期	二七	オクタウィアヌス、元老院よりアウグストゥスの称号を受く。元首政へ	ストラボン（六四頃～後二一）『地理学』
	七～四	イエスの生誕。その宣教、刑死とパウロの伝道活動。原始キリスト教の成立	プリニウス（後二三頃～七九）『博物誌』
	後九六	元老院議員ネルウァ、皇帝に推される。五賢帝の時代（～一八〇）	プルタルコス（五〇頃～一二〇頃）『英雄伝』
	二一二	カラカラ帝のアントニヌス勅令により、帝国内の	プロティノス（二〇五～二七

ローマ帝政期		
	全自由人にローマ市民権が賦与される	〇頃）新プラトン派を創始
二八四	ディオクレティアヌスの即位。専制君主政へ	オリゲネス（一八五頃〜二五四頃）キリスト教神学の基礎を据える
三〇三	ディオクレティアヌスの勅令によるキリスト教迫害の激化	
三一三	「ミラノ勅令」。キリスト教信仰の自由が認められる	
三三〇	コンスタンティノポリスへの遷都	
三三二	コロヌスの土地緊縛令	
		アウグスティヌス（三五四〜四三〇）『神の国』など
三九五	テオドシウス一世の死。ローマ帝国が東西に分かれる	オリンピア競技会、その歴史を閉じる（三九三）
四三八	『テオドシウス法典』の成立	
四七六	西ローマ帝国滅亡	
五二九	東ローマの皇帝ユスティニアヌス、アテネのアカデメイア閉鎖を命ず。『ユスティニアヌス法典』の成立（〜五三三）	

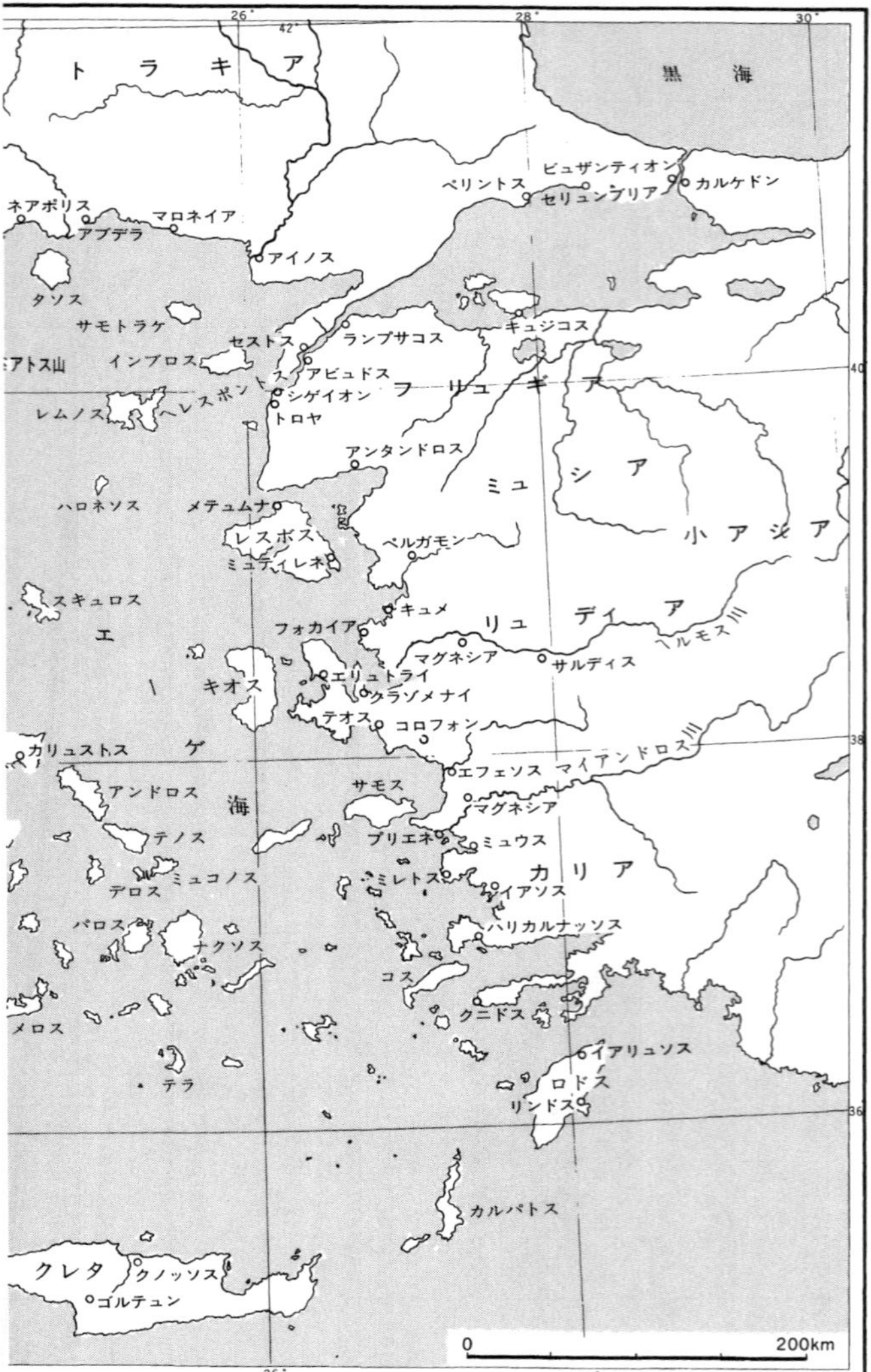

トラキア
黒海
ビュザンティオン
ペリントス
カルケドン
セリュンブリア
ネアポリス
マロネイア
アブデラ
アイノス
タソス
サモトラケ
キュジコス
ランプサコス
セストス
アトス山
インブロス
アビュドス
ヘレスポントス
シゲイオン
フリュギア
レムノス
トロヤ
アンタンドロス
ミュシア
ハロネソス
メテュムナ
レスボス
ペルガモン
小アジア
ミュティレネ
スキュロス
キュメ
リュディア
フォカイア
ヘルモス川
マグネシア
サルディス
エーゲ海
キオス
エリュトライ
クラゾメナイ
テオス
コロフォン
カリュストス
エフェソス
マイアンドロス川
アンドロス
サモス
マグネシア
テノス
プリエネ
ミュウス
ミュコノス
ミレトス
カリア
デロス
イアソス
パロス
ハリカルナッソス
ナクソス
コス
クニドス
メロス
イアリュソス
ロドス
テラ
リンドス
カルパトス
クレタ
クノッソス
ゴルテュン
0
200km

『古代ギリシアの歴史』関係地図(エーゲ海周辺)
アドリア海
エピダムノス
イリュリア
アポロニア
ストリュモン川
ネストス川
パンガイオン山
アンフィポリス
エイオン
アイガイ
ペラ
マケドニア
テルマ
カルキディケ
アカントス
メトネ
ピュドナ
スパルトロス
オリュントス
オリンポス山
ポテイダイア
トロネ
メンデ
スキオネ
テッサリア
ラリッサ
コルキュラ
ドドナ
エピルス
クランノン
フェライ
アンブラキア
ファルサロス
ペパレトス
ヒスティアイア
アナクトリオン
東ロクリス
ヘラクレイア
テルモピュレ
レウカス
アカルナニア
アイトリア
エウボイア
フォキス
カイロネイア
カルキス
西ロクリス
デルフィ
ボイオティア
イタカ
ナウパクトス
コリント湾
テスプァイ
テーベ
エレトリア
ケファレニア
レウクトラ
デケレイア
マラトン
アカイア
プラタイアイ
エレウシス
シキュオン
メガラ
アッティカ
エリス
アテネ
オルコメノス
コリント
サラミス
ピレウス
ザキュントス
ラウリオン山
エリス
アルカディア
ミケーネ
アイギナ
イオニア海
オリンピア
マンティネイア
スニオン岬
ペロポネソス
アルゴリス
エピダウロス
メガロポリス
トロイゼン
テゲア
アルゴス
ティリンス
ヘルミオネ
イトメ山
メッセネ
メッセニア
スパルタ
ピュロス
アミュクライ
ラコニア
メトネ
タユゲトス山
ギュテイオン
タイナロン岬
キュテラ
キュドニア
地中海
キュメ
ネアポリス
タラス
(タレントゥム)
メタポンティオン
エレア
シュバリス
トゥリオイ
テュレニア海
テリナ
クロトン
カウロニア
イオニア海
パノルモス
メッサナ
ロクロイ
モテュア
ヒメラ
レギオン
セゲスタ
シチリア
セリヌス
カタナ
アクラガス
レオンティノイ
ゲラ
シラクサ
0
100km
20°
22°
24°
42°
40°
38°
15°

Tribute Lists, Vol. 2, Princeton, 1949.

Pallottino, M., *The Meaning of Archaeology*, London, 1968.

Richter, G. M. A., *The Portraits of the Greeks*, 3 vols., London, 1965.

Schachermeyr, F., *Die Minoische Kultur des alten Kreta*, Stuttgart, 1964.

Schoder, R. V., *Ancient Greece from the Air*, London, 1974.

Snodgrass, A. M., *Arms and Armour of the Greeks*, London, 1967.

Snodgrass, A. M., *Early Greek Armour and Weapons*, Edinburgh, 1964.

Stier, H. E. und Kirsten, E., *Atlas zur Welt Geschichte*, Berlin, 1956.

Taylour, L. W., *The Mycenaeans*, London, 1964.

The Compliments of the National Tourist Organization of Greece, *Greece 1973,* 1973.

Thompson, H. R. and Wycherley, R. E., *The Athenian Agora, Vol. XIV. The Agora of Athens*, Princeton, 1972.

Travlos, J., *Pictorial Dictionary of Ancient Athens,* London, 1971.

Turner, E. G., *Greek Manuscripts of the Ancient World,* Princeton, 1971.

Ventris, M. and Chadwick, J., *Documents in Mycenaean Greek,* 2nd ed., Cambridge, 1973.

Vermeule, E., *Greece in the Bronze Age,* Chicago and London, 1964.

Viollet, R., *Greece in Photographs,* London and New York, 1954.

Wace, A. J. B. and Stubbings, F.H., *A Companion to Homer,* London, 1963.

村川堅太郎編『世界史大系』4　ギリシアとローマ　誠文堂新光社　1959.

図版引用一覧

本社写真資料室

Andrewes, A., *The Greeks*, London, 1967.
Bengtson, H., *Griechische Geschichte*, 2. Aufl., München, 1960.
Bowra, C. M., *Homer*, New York, 1972.
Burford, A., *Craftsmen in Greek and Roman Society*, New York, 1972.
Bury, J. B. and Meiggs, R., *A History of Greece to the Death of Alexander the Great*, 4th ed., London, 1975.
Chadwick, J., *The Mycenaean World*, Cambridge, 1976.
Christopoulos, G. A. (ed.), *History of the Hellenic World. The Archaic Period*, London, 1975.
Ehrenberg, V., *From Solon to Socrates*, London, 1967.
Gauthier, Ph. et al., *Athènes au temps de Périclès*, Paris, 1964.
Greenhalgh, P. A. L., *Early Greek Warfare*, Cambridge, 1973.
Hamlyn, P., *Greek Mythology*, London, 1963.
Hammond, N. G. L., *A History of Greece to 322 B. C.*, 2nd ed., Oxford, 1967.
Hammond, N. G. L., *The Classical Age of Greece*, London, 1975.
Harden, D., *The Phoenicians*, London, 1962.
Harris, H. A., *Sport in Greece and Rome*, New York, 1972.
Hesperia. Journal of the American School of Classical Studies at Athens, Vol. 29 (1960).
Lacy, A. D., *Greek Pottery in the Bronze Age*, London, 1967.
Littman, R. J., *The Greek Experiment*, London, 1974.
Luce, J. V., *Homer and the Heroic Age*, London, 1975.
Meritt, B. D., Wade-Gery, H. T. and McGregor, M. F., *The Athenian*

マ　行

ヤ　行

ラ　行

タ 行

ナ 行

ハ 行

サ　行

索　引

ア　行

KODANSHA

本書は、一九七六年、小社刊行の『ギリシアとヘレニズム』（「世界の歴史」第2巻）のギリシアの部を底本としました。

伊藤貞夫（いとう　さだお）

1933年，東京生まれ。東京大学文学部西洋史学科卒業。東京大学教授，放送大学教授を歴任。東京大学名誉教授。著書に『古典期のポリス社会』『古典期アテネの政治と社会』，編著に『ギリシアとローマ――古典古代の比較史的考察――』『西洋古代史研究入門』『地中海世界の歴史像』などがある。2021年没。

講談社学術文庫

定価はカバーに表示してあります。

古代《こだい》ギリシアの歴史《れきし》

伊《い》藤《とう》貞《さだ》夫《お》

2004年7月10日　第1刷発行
2025年6月4日　第15刷発行

発行者　篠木和久
発行所　株式会社講談社
東京都文京区音羽 2-12-21 〒112-8001
電話　編集（03）5395-3512
販売（03）5395-5817
業務（03）5395-3615
装　幀　蟹江征治
印　刷　株式会社広済堂ネクスト
製　本　株式会社国宝社

ISBN4-06-159665-9

「講談社学術文庫」の刊行に当たって

　これは、学術をポケットに入れることをモットーとして生まれた文庫である。学術は少年の心を養い、成年の心を満たす。その学術がポケットにはいる形で、万人のものになることは、生涯教育をうたう現代の理想である。

　こうした考え方は、学術を巨大な城のように見る世間の常識に反するかもしれない。また、一部の人たちからは、学術の権威をおとすものと非難されるかもしれない。しかし、それはいずれも学術の新しい在り方を解しないものといわざるをえない。

　学術は、まず魔術への挑戦から始まった。やがて、いわゆる常識をつぎつぎに改めていった。学術の権威は、幾百年、幾千年にわたる、苦しい戦いの成果である。こうしてきずきあげられた城が、一見して近づきがたいものにうつるのは、そのためである。しかし、学術の権威を、その形の上だけで判断してはならない。その生成のあとをかえりみれば、その根は常に人々の生活の中にあった。学術が大きな力たりうるのはそのためであって、生活をはなれた学術は、どこにもない。

　開かれた社会といわれる現代にとって、これはまったく自明である。生活と学術との間に、もし距離があるとすれば、何をおいてもこれを埋めねばならない。もしこの距離が形の上の迷信からきているとすれば、その迷信をうち破らねばならぬ。

　学術文庫は、内外の迷信を打破し、学術のために新しい天地をひらく意図をもって生まれた。文庫という小さい形と、学術という壮大な城とが、完全に両立するためには、なおいくらかの時を必要とするであろう。しかし、学術をポケットにした社会が、人間の生活にとってより豊かな社会であることは、たしかである。そうした社会の実現のために、文庫の世界に新しいジャンルを加えることができれば幸いである。

一九七六年六月

野間省一